Transit Basel

Mario König

Transit Basel

Die Basler Verbindungsbahn –
Nadelöhr im europäischen Schienenverkehr

Herausgegeben von SBB Cargo

Christoph Merian Verlag

Bibliografische Information der Deutschen Bibliothek

Die Deutsche Bibliothek verzeichnet diese Publikation in der Deutschen

Nationalbibliografie; detaillierte bibliografische Daten sind im Internet über

http://dnb.ddb.de abrufbar.

ISBN 3-85616-231-3

 SBB CFF FFS Cargo

Lektorat: Markus Bothe, Basel

Gestaltung, Satz: Atelier Mühlberg, Basel

Lithos: Atelier Urs & Thomas Dillier, Basel

Druck: Huber & Co. AG, Frauenfeld

Bindung: Buchbinderei Grollimund, Reinach/AG

Schrift: PMN Caecilia

Papier: LuxoKay $170\,\mathrm{g/m}^2$

Umschlagfoto: Lothar Jeck, Sammlung Rolf Jeck

www.christoph-merian-verlag.ch

Inhalt

Vorwort

In den wenigen Gleiskilometern, die den Badischen Bahnhof mit dem schweizerischen Streckennetz verbinden, spiegelt sich in überraschender Weise die schweizerische Eisenbahngeschichte – von ihren turbulenten Anfängen im vorletzten Jahrhundert bis zur aktuellen Verlagerungspolitik. Gleichzeitig lässt sich an der 130jährigen Geschichte der Verbindungsbahn die wechselvolle Beziehung der Schweiz zu Deutschland ablesen.

Im Zuge der Bahnreformen in Deutschland und in der Schweiz Ende des vergangenen Jahrhunderts wurden, betriebswirtschaftlichen Erfordernissen entsprechend, die ehemaligen Staatsbahnen reorganisiert und in – mindestens – die Divisionen Infrastruktur, Personen- und Güterverkehr gegliedert. Dabei kamen verschiedene Altlasten zum Vorschein. Zu diesen Altlasten gehörten auch die Funktion und die Tarifpolitik der Verbindungsbahn, die bereits Anfang des 20. Jahrhunderts zu politischen Auseinandersetzungen geführt hatten. SBB Cargo, die für den Güterverkehr verantwortliche Sparte der Schweizerischen Bundesbahnen, hatte durch die Verbindungsbahn Millionen verloren, da sie für die Nutzung der kurzen Strecke Gebühren zahlen musste, die aufgrund fiktiver Frachteinnahmen errechnet worden waren. Während inzwischen die tatsächlichen Transportpreise gesunken waren, blieben die Gebühren unverändert. Die Verbindungsbahn entwickelte sich zu einem Umverteilungsmechanismus, bei dem die Infrastrukturdivisionen der Deutschen und der Schweizer Bahn profitierten, zulasten von SBB Cargo. Heute sind die realitätsfernen Frachtraten – und damit die Gebühren – nach unten korrigiert. Noch in diesem Jahr sollen der historische Anachronismus der Verbindungsbahn endlich ganz beerdigt und für diese Strecke künftig normale Trassengebühren erhoben werden.

Mario König ist den historischen Spuren der Verbindungsbahn nachgegangen und legt mit seiner Publikation eine spannende Kulturgeschichte vor. Dafür möchte ich ihm im Namen von SBB Cargo danken.

Die Debatte um die Entwicklung der Schienenstränge in und um Basel, die auf der europäischen Nord-Süd-Achse das Nadelöhr darstellen, ist auch nach 130 Jahren in vollem Gange. SBB Infrastruktur plant gegenwärtig den Bau einer zweiten Rheinbrücke parallel zur bestehenden. Ihr Bau ist für das Ende dieses Jahrzehnts vorgesehen. Strittig ist, mit welchen langfristigen Ausbauten der weiter zunehmende Verkehr ab dem Jahr 2020 bewältigt werden kann. Der nahe liegenden Lösung, der Umfahrung der Stadt mithilfe eines Bypasses auf der rechten Rheinseite, steht massiver Widerstand der betroffenen Gemeinden entgegen. Der Ausgang der Debatte ist offen, sicher aber ist eines: Tritt die erwartete wirtschaftliche Entwicklung ein, wird der Güterverkehr weiter zunehmen. Basel und die RegioTriRhena werden die zusätzlichen Lasten entweder auf verstopften Autobahnen oder mit Hilfe zusätzlicher Bahninfrastruktur in Bahnwaggons und auf Bahntragwagen bewältigen müssen.

Basel, im Herbst 2004

Daniel Nordmann
Leiter SBB Cargo

Einführung

Für den Fortschritt seiner Zeit hatte Jakob Burckhardt, prominenter
Basler Historiker des 19. Jahrhundert, wenig übrig. Bitter beklagte
er im März 1872 das immer dichter werdende Netz von Eisenbahnen,
dessen Wachstum er als förmliche Belagerung des historischen Stadt-
kerns erlebte. «Um Basel herum werden wir mit Eisenbahnbauten
umgarnt, dass einem öde und weh wird; Dämme, Durchstiche und ein
ewiges Pfeifen und Heulen, das ist unsere nahe Zukunft.»[1] Es war die
Basler Verbindungsbahn, auf die Burckhardt sich konkret bezog, jenes
kurze, kaum fünf Kilometer messende Stück zwischen dem Badischen
Bahnhof in Kleinbasel, auf der Nordseite des Rheins, und dem Centralbahnhof, dem heutigen Bahnhof SBB, auf der Südseite des Stroms.
Zu jener Zeit liefen die Bauarbeiten auf Hochtouren. Von Burckhardts
Wohnhaus in der St. Alban-Vorstadt war es nur ein kurzer Spaziergang
zu jenem Abschnitt der Baustelle, an dem ein frisch errichteter Damm
zur südlichen Zufahrt der entstehenden Brücke führte. Bereits 1869
vereinbart, war der Bau zunächst durch den deutsch-französischen
Krieg von 1870/71 verzögert worden, dementsprechend wurde die
Eröffnung auf das Folgejahr angesetzt. Im November 1873 war es dann
so weit: die Stadt Basel konnte von Norden oder Süden her kommend
auf ununterbrochener Schienenverbindung durchfahren werden.

Auf der europäischen, ja selbst auf der schweizerischen Eisen-
bahnkarte stellt die Basler Verbindungsbahn ein winziges Glied dar.
Was kann den Anstoss geben, diesen knapp fünf Kilometern eine
eigene historische Darstellung zu widmen? Der äussere Anlass war
die Tatsache, dass die ihr zugrunde liegende Rechtskonstruktion
nach mehr als 130 Jahren abgelöst wird, nachdem die Schweizerischen

1 Basler Volksblatt, 22. Mai 1953,
   Jacob Burckhardt und die
   Eisenbahnen

2   Staatsarchiv Basel-Stadt, DI-REG I,
     5-6-1, Verbindungsbahn;
     Rheinschifffahrtsamt Basel,
     28. Oktober 1953

3   KUNTZEMÜLLER (1954), S. 5

4   CEBULLA, Florian: Grenzüberschrei-
     tender Schienenverkehr.
     In BURRI, S. 28

5   THIESSING, Bd. 1, S. 109. Hans BAUER
     erwähnt die Verbindungsbahn ganz
     knapp. Eine weitere Erwähnung in
     Bd. 4 (1955), S. 696

Bundesbahnen (SBB) im Mai 2003 den entsprechenden Vertrag mit der Deutschen Bahn gekündigt haben. Die Entstehung und wechselhafte Geschichte dieser speziellen Vereinbarung stellt denn auch einen zentralen Inhalt der folgenden Untersuchung dar. Die kurze Strecke der Verbindungsbahn besitzt darüber hinaus eine in Kilometern kaum messbare Bedeutung im Rahmen der europäischen Nord-Süd-Verbindungen. Schon bei ihrer Eröffnung wurde sie als künftiger Zugang zur Gotthardlinie angesehen, die ab 1882 durchgehend nach Italien führte. Sie stellt zudem ein wichtiges verkehrspolitisches Eingangstor zur Schweiz dar. Die Verbindungsbahn verbindet das deutsche und das schweizerische Bahnnetz an einem Knotenpunkt, an dem zugleich der direkte Zugang nach Frankreich offen steht. Dabei liegt sie trotz ihres grenzüberschreitenden Charakters vollständig auf schweizerischem Territorium. Zu ihren Merkwürdigkeiten zählt zudem, dass sie von Anfang an als Betriebsgemeinschaft mit einer deutschen Bahngesellschaft konzipiert gewesen ist: ursprünglich mit den Grossherzoglich Badischen Staatseisenbahnen, später mit der Deutschen Reichsbahn, seit 1951 mit der Deutschen Bundesbahn, die sich 1994 mit der Deutschen Reichsbahn der ehemaligen DDR zusammenschloss und zur Deutschen Bahn AG wurde. Auch auf schweizerischer Seite kam es zu einer Rechtsnachfolge, indem die SBB 1902 die Schweizerische Centralbahn ablösten. Obwohl das Eigentum an der Anlage allein der schweizerischen Seite zufiel, waren die deutschen Partner doch rechtlich und kommerziell an einer vertraglichen Verbindung beteiligt, die nach der Kündigung durch die SBB Ende 2003 ausgelaufen ist.

«Die Verbindungsbahn lässt sich nicht mit Verbindungsbahnen anderer Städte vergleichen, sondern steht in ihrer Art einzig da, weil sie zwei gleichartige Hauptbahnhöfe verbindet und als selbständige Eisenbahn eigene Transportbedingungen und Tarife aufweist. Sie ist auch in der Liste der dem internationalen Übereinkommen unterstellten europäischen Eisenbahnen besonders verzeichnet. Eigene Lokomotiven und Eisenbahnwagen besitzt sie jedoch nicht.»[2] So eine Erklärung von 1953. Die Basler Verbindungsbahn stellt also ein eigentümliches Gebilde dar: rechtlich, verkehrs- und interessenpolitisch, wie auch als Feld der schweizerisch-deutschen Begegnung und Kooperation. Albert Kuntzemüller, der beste Kenner der Materie, spricht gar von «einer der merkwürdigsten Eisenbahnen der Welt».[3] Deutschland und die Schweiz gaben den staatlichen und rechtlichen Rahmen vor und bestimmten mit ihren jeweiligen Interessen den Gang der Ereignisse. Eigentlicher Ort des Geschehens war die Stadt Basel mit ihren lokalen wirtschaftlichen und verkehrspolitischen Bestrebungen, die nicht immer mit jenen der beteiligten Bahngesellschaften harmonierten. Diese wiederum konkurrierten untereinander, waren zugleich aber im Rahmen einer Betriebsgemeinschaft die unmittelbaren Träger der Verbindungsbahn.

Selbst in Basel bestand und besteht in der Öffentlichkeit eine weit verbreitete Unkenntnis über die genaue Beschaffenheit dieses Arrangements. Heute, da die ehemals lebhaften Auseinandersetzungen seit langem verstummt sind, ist sogar das Wissen um die blosse Existenz der Verbindungsbahn beim breiten Publikum verloren gegangen. Allen, die regelmässig nach Deutschland reisen, ist hingegen die Erfahrung vertraut, dass auf der kurzen Strecke ein spezieller Tarif gilt: Es macht einen überraschenden Unterschied im Preis, ob man die Reise vom Schweizerischen Bundesbahnhof oder vom Badischen Bahnhof aus antritt. Dies führt zu der mancherorts anzutreffenden Ansicht, das kurze Verbindungsstück sei in erster Linie eine Quelle erheblicher, nicht recht legitimierter Gewinne für die beteiligten Bahngesellschaften.

Quellen und Literatur

In der Literatur zur schweizerischen Bahngeschichte wird die Verbindungsbahn höchst stiefmütterlich behandelt. Dies fügt sich ins Bild der internationalen Literatur, deren Betrachtungen zumeist an nationalen Grenzen enden. «Der grenzüberschreitende Schienenverkehr ist bis auf wenige Ausnahmen bislang nicht thematisiert worden», hält ein aktueller Überblick zur Forschung lapidar fest.[4] Eine ab 1947 erschienene Darstellung der Bahnen in der Schweiz ignoriert den Basler Transit weitgehend. Sein Zustandekommen in einer schweizerisch-deutschen Kooperation passte offensichtlich schlecht in ein national gefärbtes Jubiläumswerk, wie es kurz nach dem Zweiten Weltkrieg gefragt war.[5] Die Verbindungsbahn bleibt eine blosse Fussnote in der Entstehungsgeschichte der Gotthardbahn, als kleines Gliedstück der nördlichen Zufahrtslinie. Dabei dürfte der Verfasser des betreffenden Abschnitts, der Basler Wirtschaftsredaktor Hans Bauer, durchaus einige Kenntnis der Materie gehabt haben. Auch in neueren Überblicken zur Basler Wirtschafts- und Sozialgeschichte kommt die Verbindungsbahn praktisch nicht vor, obwohl sie doch einen zentralen Baustein der Verkehrsdrehscheibe Basel darstellt und wegen ihrer Tarifpolitik immer wieder Anlass zu lebhaften Auseinandersetzungen bot.[6] Hingegen steht sie im Mittelpunkt der juristischen Dissertation von Bernhard Kleubler, die alle wichtigen vertraglichen Dokumente in einem Anhang vereinigt. Wichtig sind aber vor allem die Arbeiten des exzellenten Kenners der südwestdeutschen und schweizerischen Bahngeschichte, Albert Kuntzemüller (1880–1956). Der Freiburger Gymnasiallehrer und Sozialdemokrat war von den Nationalsozialisten 1933 entlassen worden – «er liebte die Schweiz als letzte Zuflucht der Freiheit».[7] Er hat als Einziger der Basler Verbindungsbahn einen kleinen historischen Aufsatz gewidmet, der kurz vor dem Zweiten Weltkrieg in einer entlegenen deutschen Zeitschrift erschien. In zahlreichen bahngeschichtlichen Publikationen, die zum Teil auch in der Basler Presse erschienen, berührte er das Thema wiederholt.

Kuntzemüller konnte Unterlagen der ehemaligen Schweizerischen Centralbahn, die sich heute überwiegend im Archiv SBB Historic in Bern befinden, verwenden. Hinzu kommen für diese Untersuchung die aufschlussreichen Bestände des Basler Staatsarchivs. Zeitungsartikel und statistische Berichte zur Thematik sind im Schweizerischen Wirtschaftsarchiv in Basel zu finden. Einige Dossiers aus dem Schweizerischen Bundesarchiv in Bern ergänzen die Dokumentation rund um die Frage eines ‹Rückkaufs› nach den beiden Weltkriegen. Eine bedauerliche Lücke besteht bei den jährlichen Abrechnungen: Diese wurden vertragsgemäss jeweils von der schweizerischen Seite erstellt, sind aber, abgesehen von ganz wenigen Fragmenten, erst ab 1970 erhalten.

6   Siehe KREIS/VON WARTBURG, S. 209; sowie BAUER, S. 20–23

7   Zu seiner Person siehe Nachrufe im Wirtschaftsarchiv Basel, Biografien; zitiert: Der Bund, 12. Januar 1956

8   Generallandesarchiv Karlsruhe, 421 Zug. 1993-90, Nr. 1966, Basel Verbindungsbahn, 1951–1962

Die Erstellung der Abrechnungen, in denen auch Daten zum Verkehr enthalten sind, liegt heute bei Infrastruktur SBB, Bern (Abteilung Finanzen und Recht / Verträge, Netz). Offensichtlich wurden im Zuge der jüngeren Umstrukturierungen umfangreiche Aktenbestände entsorgt, so dass die Rekonstruktion der Verkehrsstatistik Schwierigkeiten bereitete. Ob einzelne wertvolle Informationen allenfalls noch in den deutschen Gegenakten der ehemals Grossherzoglich Badischen Staatseisenbahnen und der späteren Reichsbahndirektion Karlsruhe zu finden wären, die heute im Generallandesarchiv Karlsruhe liegen, kann gegenwärtig nicht gesagt werden. Die umfangreichen Bestände werden zurzeit erschlossen und sind nur zu einem kleinen Teil zugänglich. Ein aus der Nachkriegszeit stammendes Dossier mit Bauakten der Verbindungsbahn enthält immerhin auf dem Aktendeckel den aufschlussreichen Vermerk «frühere Akten am 2.9.1942 verbrannt».[8] Womöglich ist also von den Abrechnungen tatsächlich nur noch wenig erhalten.

Die Abbildungen in dieser Darstellung folgen der Chronologie des Textes nur locker und lassen sich selbstständig betrachten. Aus der Zeit vor 1900 existieren praktisch keine Fotografien; viele Aspekte der Verbindungsbahn sind zudem kaum illustrierbar. In den Anhang verbannt wurde die Statistik über den Personen- und Güterverkehr der Verbindungsbahn, da die Daten lückenhaft und, vor allem für die jüngere Zeit, widersprüchlich sind. Sie werden dennoch präsentiert, da sie Grössenordnungen andeuten und vielleicht später, aufgrund neuer Aktenfunde, eine Ergänzung finden mögen.

Bei der Beschaffung der Unterlagen für diese Arbeit waren diverse Institutionen und Personen behilflich, denen ich herzlich danken möchte: Dies betrifft das Staatsarchiv des Kantons Basel-Stadt; das Archiv SBB Historic, Bern; das Schweizerische Bundesarchiv, Bern; das Schweizerische Wirtschaftsarchiv, Basel; das Generallandesarchiv, Karlsruhe; die Schweizerische Vereinigung für Schifffahrt und Hafenwirtschaft, Basel. Ein Dank für Hilfe, Auskünfte, Fotografien und Materialien geht zudem an die Denkmalpflege Basel; Gilles Forster, Genf; Fondation Herzog, Basel; Felix Hoffmann, Basel; Rolf Jeck, Reinach; Jürgen Lange, Beauftragter für die deutschen Eisenbahnstrecken auf Schweizer Gebiet, Basel; Serge Piot und Edi Müller, SBB Cargo, Basel; Peter König, Infrastruktur SBB, Bern; Christian Ruch, Zürich; Beatrice Schumacher, Basel; Ricabeth Steiger, Schweizerisches Landesmuseum, Zürich.

Verzögerte Verbindung – eine lange Vorgeschichte 1852–1873

Die Vorgeschichte der Basler Verbindungsbahn führt zurück in die Anfangsjahre des Eisenbahnzeitalters, als grossartige Projekte und abenteuerliche Konkurrenzkämpfe das Publikum in Atem hielten. Es war alles offen: Unter welcher Regie – staatlich oder privat – sollten die Bahnen gebaut werden? Wer erhielt die besten Anschlüsse und wer wurde ‹umfahren›? In der Schweiz herrschte in dieser Beziehung ein grosses Durcheinander, da jeder Kanton für sich und oftmals gegen den Nachbarkanton plante. In den meisten Ländern Europas wurde schon eifrig gebaut, während in der politisch zersplitterten, von gewalttätigen Konflikten erschütterten Eidgenossenschaft der 1840er Jahre noch fast alles im Planungsstadium verharrte.

Es war die Stadt Basel, die 1844 den ersten Eisenbahnanschluss der Schweiz erhielt. Dies allerdings ganz ohne eigenes Verdienst der nicht eben dynamischen alten Handelsstadt, die sich ängstlich und krämerhaft hinter ihren mittelalterlichen Stadtmauern verschanzte – man war immer noch damit beschäftigt, die politische Spaltung des Kantons nach dem kurzen Bürgerkrieg von 1833 zu verdauen. In der schweizerischen Perspektive peripher gelegen, genoss Basel aufgrund seiner geografischen Position am Südende des alten Verkehrswegs durch die oberrheinische Tiefebene in verkehrspolitischen Fragen stets die Aufmerksamkeit der beiden angrenzenden Länder. In der deutschen Nachbarschaft war bereits 1838, lange bevor von einem schweizerischen Eisenbahnbau die Rede sein konnte, «die Schweizergrenze bei Basel» als Endpunkt der frisch gegründeten Grossherzoglich Badischen Staatseisenbahnen erwähnt worden.[9] In der konkreten Realisierung waren indes die Franzosen mit ihrem konkurrierenden

Nord-Süd-Projekt schneller: Im Jahr 1844 erreichte die verlängerte Linie Strassburg–Mülhausen die Basler Stadtgrenze bei St. Louis, nachdem die Behörden sich endlich zur Erteilung der Konzession hatten durchringen können. Sie fürchteten um die öffentliche Moral, wenn nun die Fabrikstadt Mülhausen näher rückte; auch sorgten sie sich um die Entstehung einer französischen – und katholischen – Kolonie im streng reformierten Basel.[10] Im folgenden Jahr erhielt Basel dennoch einen eigenen Bahnhof. Die einlaufenden Züge hatten ein Tor in der erweiterten Stadtbefestigung zu durchfahren, das jede Nacht geschlossen wurde. Erst 1859 wurde entschieden, den Mauerring abzubrechen.

In diesen Jahren wanderte die Grossbaustelle der Badischen Staatsbahnen kontinuierlich Richtung Süden. Noch bevor sie Basel erreichte, entstanden in Reaktion auf die Eigenbrötlerei und Passivität der lokalen Politik diverse Projekte, die Stadt komplett zu umgehen. Zum Teil waren dabei Ressentiments des 1833 neu entstandenen Kantons Basel-Landschaft im Spiel; zum Teil ging es um Projekte der Stadt Zürich für den Fall, dass Basel sich desinteressiert gab, auf der badischen Seite den Anschluss nach Westen zu suchen. Der Baselbieter Politiker Stephan Gutzwiller bemerkte 1846, unter spöttischer Anspielung auf die mittelalterliche Stadtmauer, an der die Basler so hartnäckig festhielten: «Basel ist der Schlüssel und erste Handelsplatz der Schweiz und wird durch drei einlaufende Bahnlinien mit jedem Tag wichtiger. Dieser Platz ist aber für uns und für die ganze Schweiz mit einer chinesischen Abschliessungsmauer umgeben.»[11] Im Kanton Basel-Landschaft glaubte man zeitweise, man könne in Birsfelden den grossen nordwestschweizerischen Bahnhof und damit

10   SIEGFRIED, S. 25

11   Zitiert nach MELES, S. 28

12   Basellandschaftliche KANTONALBANK, S. 261

13   KUNTZEMÜLLER (1941), S. 401 f.

14   Abgedruckt bei KLEUBLER, S. 118 ff.

15   Siehe MELES, S. 32 ff.

16   SIEGFRIED, S. 39

einen mit Basel konkurrierenden Umschlagplatz errichten, um dann ausserhalb der nahe gelegenen Stadt per Brücke über den Rhein den direkten Anschluss an die Badischen Staatsbahnen zu finden.[12] Im Grossherzogtum fielen vergleichbare Äusserungen – so schlug man vor, die Bahnlinie in Haltingen, einige Kilometer nördlich von Basel, wo sie 1851 eintraf, enden zu lassen, um von dort direkt nach Osten Richtung Waldshut weiter zu bauen.[13] In Lörrach begeisterte man sich nicht weniger als in Birsfelden für solche Pläne, die Basel nicht als zukünftigen Bahnknotenpunkt, sondern als Verkehrshindernis und politisches Ärgernis betrachteten – und dem eigenen bescheidenen Standort ein grandioses Aufblühen versprachen.

Die Gründung des Schweizerischen Bundesstaats 1848 trug mittelfristig zur Klärung der Situation bei, obwohl auch jetzt noch alles sehr langsam ging. Nach heftigen Auseinandersetzungen beschloss der Nationalrat in Bern im Juli 1852, den Bahnbau ganz an private Gesellschaften zu delegieren und die Konzessionserteilung den Kantonen zu überlassen. Dies war keine optimale Lösung, wie die Anhänger der Staatsbahn von Anfang an mit guten Gründen darlegten, doch war nun wenigstens ein gesetzlicher Rahmen geschaffen, der dem Übergang vom Planen zum Bauen den Weg frei machte. Parallel fand sich eine Lösung der Planungsprobleme entlang der verzahnten schweizerisch-deutschen Grenze. Der in denselben Tagen unterzeichnete Staatsvertrag zwischen dem Grossherzogtum Baden und der Eidgenossenschaft gewährte den Badischen Staatsbahnen das Recht zum Weiterbau durch den Kanton Basel-Stadt sowie durch den Kanton Schaffhausen Richtung Konstanz und garantierte deren ungestörten

Betrieb auf schweizerischem Territorium.[14] Im Februar 1855 fand die Eröffnung des Badischen Bahnhofs statt, damals «badischer Hauptbahnhof» genannt. Er lag noch nicht am heutigen Standort, sondern näher beim Stadtzentrum, am heutigen Riehenring, der damals als ‹Bahnhofstrasse› neu angelegt wurde. Einige Monate zuvor hatte auch die Schweizerische Centralbahn ihr erstes Teilstück Basel–Liestal eröffnet, so dass Basel mit seinen damals kaum 35 000 Einwohnern nun über den Luxus von drei Bahnanschlüssen verfügte, zwei davon durch ausländische Gesellschaften betrieben.

Verbindung nach Frankreich – aber nicht nach Baden

Die badischen, schweizerischen und französischen Bahnbauten in Basel waren also bis auf wenige Kilometer aneinander gerückt. Eine direkte Schienenverbindung existierte jedoch nicht. Relativ rasch kam es zum Anschluss der Centralbahnlinie an die französische Ostbahn, die 1858 die Konzession zur Verlegung ihres Bahnhofs vom noch wenig bebauten Stadtrandquartier St. Johann näher ans Zentrum erhielt, direkt neben den geplanten neuen Centralbahnhof.[15] Integriert in den Nachfolgebau des 1860 eröffneten Bahnhofs hat die französische Bahn dort noch heute ihren Standort. Allerdings waren auch in diesem Fall wunderliche Widerstände der Stadt zu überwinden, deren Behörden bei einer durchgehenden Verbindung gar die Souveränität Basels in Gefahr sahen.[16] Die beiden betroffenen Bahngesellschaften zogen jedoch in dieser Frage an einem Strick und wehrten sich heftig gegen die Lieblingsidee der Stadtväter, die auf zwei Kopfbahnhöfe hinauslief.

17   Artikel 37, Staatsvertrag 27. Juli
      1852; KLEUBLER, S. 123

18   Siehe KNITTEL, Hartmut: Normung
      und Standardisierung als Ausdruck
      der Internationalität. Die Fall-
      beispiele Badische Staatsbahn um
      1850 und Deutsche Reichsbahn
      um 1920. In BURRI, S. 163 ff.

19   Zitiert nach KUNTZEMÜLLER (1939),
      S. 108

20   Staatsarchiv Basel-Stadt, J 1, Eisen-
      bahn-Akten, Verbindungsbahn;
      Bürgermeister und Staatskollegium.
      Gutachten, 27. Februar 1868

Was die Verbindung nach Baden betraf, hatte der Staatsvertrag von 1852 bereits hellsichtig die zukünftige «Herstellung von Schienenwegen zu zweckdienlicher Verbindung der badischen Bahnhöfe in Kleinbasel, Waldshut, Schaffhausen mit andern benachbarten Bahnhöfen schweizerischer Bahnen» erwähnt.[17] Das zuerst genannte Basel liess mit den erforderlichen Entscheidungen allerdings auf sich warten. Der erste direkte schweizerisch-deutsche Eisenbahnübergang entstand 1859 in Waldshut; 1863 folgte Schaffhausen und 1871 Konstanz, während in der alten Handels- und Verkehrsstadt Basel nun wenigstens der Beginn der Bauarbeiten in Aussicht stand. Es lag nicht an der kräftigen Strömung des Rheins, dass die Basler Verbindungsbahn bis November 1873 ungebaut blieb.

Der schweizerische Bundesrat werde sich zu gegebener Zeit mit der badischen Regierung über die Herstellung einer Verbindung zwischen den Bahnnetzen verständigen, hatte der Staatsvertrag von 1852 festgehalten. Zu einer solchen Bundesrats-Initiative kam es nie. Die Entwicklung blieb ganz von den Bahngesellschaften und den lokalen Kräften abhängig. Auf diesem Feld aber entfaltete sich ein wechselvolles und undurchsichtiges Spiel, bei dem alle Beteiligten vor allem ein Ziel vor Augen hatten: auf keinen Fall der Gegenseite einen realen oder vermeintlichen Trumpf einzuräumen. Dies galt sowohl für die unmittelbaren Kosten der zu erstellenden Verbindung, die wegen der erforderlichen Brücke nicht ganz gering waren; es galt aber auch und vielleicht in noch stärkerem Mass für verkehrstechnische Vorteile, welche der einen oder der anderen Seite aus der Verbindung erwachsen könnten. Dies hatte zur Folge, dass man zunächst einmal demonstrativ das eigene Desinteresse an der Herstellung der Basler Verbindung zur Schau stellte, obschon man überzeugt war, dass sie längerfristig unausweichlich war. Dabei kam es zu einer eigentümlichen Umkehr der Fronten. Anfänglich zierte sich Basel, während Baden auf Herstellung der Verbindung drängte; dann wiederum forcierte Basel – nicht ganz ohne badische Nachhilfe – das Zustandekommen der Verbindung, während Baden sich als massgeblicher Partner offiziell bedeckt hielt.

Das badische Interesse an Verbindungen in die Nachbarstaaten war von Anfang an gross.[18] Dies galt auch für einen südlichen Anschluss, während auf der Gegenseite die Centralbahn noch von der Erstellung ihres Hauptnetzes und zeitweise gravierenden finanziellen Problemen absorbiert war. Erst 1858 konnte mit der Vollendung des Hauensteintunnels die Durchfahrt nach Olten, am Jura-Südfuss gelegen, gewährleistet werden. Die Badischen Staatsbahnen besassen einen baulichen Vorsprung von mehreren Jahren gegenüber der Centralbahn. Schon 1854 hatte ein Mannheimer Industrieller im Landesparlament von Baden die Vorteile einer durchgehenden Verbindung in den Süden hervorgehoben – erst recht, da nun die französische Konkurrenz im Rheintal womöglich eine solche auch in Basel erhalten werde. Zwei Jahre später befasste sich auch der Oberingenieur der Centralbahn mit dieser Frage. Er gab sich optimistisch: Durch eine «zweckmässige Verbindung mit der badischen Bahn bei Basel» werde sich die Centralbahn «einen nicht zu verachtenden Zufluss an Reisenden und Gütern nach der West- und Zentralschweiz und umgekehrt verschaffen [können], wenn sie in der Lage ist, denselben über Olten

eine kürzere Route anzubieten als diejenige über Waldshut oder gar über Schaffhausen».[19] Den Aufwand der zu erstellenden Verbindung hielt der Ingenieur für bescheiden, gemessen an solchen Vorteilen. Er hatte allerdings die Rechnung ohne den Wirt gemacht, denn in Basel, ebenso wie bei seinem Arbeitgeber, der Schweizerischen Centralbahn, häuften sich die Widerstände.

«Vom Vermeiden alles unnötigen Drängens» – Basel spielt auf Zeit

In der Stadt Basel leugneten konservative und gewerbliche Kreise jahrelang die Notwendigkeit einer Verbindung. Sie befürchteten, die Basler Staatskasse werde zu den Kosten des Bauwerks selber etwas beitragen müssen. Vor allem aber war man in Sorge, dass eine durchgehende Bahnverbindung die blosse ‹Durchfahrung› der Stadt begünstigen könnte, ohne dass die ortsansässige Geschäftswelt daraus einen rechten Nutzen ziehen würde. Die Reisenden sollten zum Umsteigen und womöglich zum Übernachten genötigt werden; die Fuhrleute sollten durch die Überführung der Waren und des Gepäcks Verdienst finden. «Für die geschäftliche Zukunft Basels werde eine Verbindungsbahn von wenig Einfluss sein, insofern sie den Verkehr nicht in höherm Mass in die Hand von Basel bringen könne, als dies durch die beiden uns berührenden Linien ohnedies der Fall sei.»[20] So urteilte noch 1868 ein städtisches Gutachten, das die Notwendigkeit der Verbindung an sich nicht mehr bestritt. Dem lag eine altertümlich isolierende Betrachtung der städtischen Ökonomie zugrunde:

21   Siehe SARASIN, S. 247 ff.

22   Staatsarchiv Basel-Stadt, J 1, Eisen-
      bahn-Akten, Verbindungsbahn;
      Direktorium der Centralbahn an
      den Verwaltungsrat, 12. Januar 1870

23   Ebd.

24   Zum Bahnanschluss von Waldshut
      siehe BÜRGERMEISTERAMT Waldshut,
      S. 97

25   RATSCHLAG, S. 5

26   Staatsarchiv Basel-Stadt, J 1, Eisen-
      bahn-Akten, Verbindungsbahn;
      Handelskollegium an Bürgermeister
      und Rat, 3. September 1863

27   KUNTZEMÜLLER (1939), S. 109

28   Staatsarchiv Basel-Stadt, J 1, Eisen-
      bahn-Akten, Verbindungsbahn;
      Gutachten G. Koller-Burckhardt an
      Ratsherr Sarasin, Präsident des
      Baukollegiums, 10. Mai 1864

29   Siehe Staatsarchiv Basel-Stadt,
      Planarchiv G 3, 122–126

Es war das Bild der geschlossenen, in sich selbst ruhenden Stadt, dem gemäss die Stadt nur an jenem Verkehr Interesse hatte, der von ihr selbst ausging oder zu ihr hinführte.[21] Eine Orientierung an gesamtschweizerischen Verkehrsinteressen war diesem Denken ebenso fremd wie der Blick auf die europäische Landkarte, die sich damals mit einem rasch anwachsenden, Grenzen überschreitenden Netzwerk von Bahnlinien überzog. Im Übrigen gingen die Basler davon aus, dass sie auf jeden Fall warten konnten, da sie aufgrund der geografischen Lage ihrer Stadt ohnehin alle Trümpfe in der Hand hielten.

Schon 1855/56 waren gegen den direkten Anschluss an die französische Ostbahn ähnliche Argumente aufgefahren worden, was in jenem Fall nur aufschiebende Wirkung erzielte. Wenn die Verzögerung im Fall von Baden so viel grösser war, so lag dies vor allem daran, dass auch die beteiligten Bahngesellschaften in eine primär abwartende Haltung verfielen: Die Badischen Staatsbahnen konnten seit 1859 darauf hinweisen, dass sie mit dem Übergang bei Waldshut bereits über die angestrebte Verbindung in die Schweiz verfügten, während die Notwendigkeit einer Brücke in Basel doch «zunächst und zumeist in den schweizerischen Bahn- und Landesinteressen begründet sei».[22] Dies war durchaus zutreffend, doch fehlte auf der Gegenseite jene Instanz, die ein «schweizerisches Landesinteresse» wahrgenommen hätte: Den Bahnbau erachtete der junge Bundesstaat als Aufgabe der Privatwirtschaft. Die Centralbahn aber hatte sich in erster Linie um ihre eigenen Interessen zu kümmern. Aus ihrer Perspektive war eine der «mutmasslichen Folgen der Verbindungsbahn» darin zu suchen, «dass die badische Bahn für den Verkehr von und nach der Ostschweiz konkurrenzfähiger werde». Dem wollte man keinen Vorschub leisten. Die im Basler Spiesshof residierende Direktion der Centralbahn war eng mit der Regierung von Stadt und Kanton verflochten, so dass die zögernde Haltung beider Seiten sich wechselseitig verstärkte. Im Übrigen waren die Vertreter der Centralbahn genauso wie die der Badischen Bahnen davon «überzeugt, dass die Einnahmen den Anlagekosten bei weitem nicht entsprechen würden».[23] Noch fehlte das Vertrauen in die Fähigkeit von Wirtschaft und Verkehr zum langfristigen Wachstum.

Wenn in Baden gelegentlich Waldshut als grosser Übergang in den Süden, auf dem Weg nach Italien, empfohlen wurde, so war gewiss ein Stück berechnender Übertreibung im Spiel: Man war sich letztlich im Klaren, dass der Kleinstadt am Südfuss des Schwarzwalds die Rolle eines künftigen Verkehrsknotenpunkts nicht eben auf den Leib geschneidert war.[24] Die Beschwörungen eigneten sich immerhin als Botschaft an die widerstrebenden Basler, dass man eben nicht unbedingt und in jedem Fall auf sie angewiesen war. Doch hinterliess dieser Wink ebenso wenig tieferen Eindruck wie ein Vorstoss des Kantons Bern, der einen Rheinübergang bei Basel wünschte, um die von Seiten der Berner Staatsbahn projektierte Jura-Bahn lebensfähiger zu machen.[25] Erst 1863 gelang es den Badischen Bahnen eine Karte ins Spiel zu bringen, die nun endlich den gewünschten Effekt erzielte: Im Sommer 1863 hatten die Basler Behörden sich mit einem «gerüchtweise zwischen der französischen Ostbahn und der badischen Staatsbahn projektierten Rheinübergang zwischen St. Louis und Leopoldshöhe mit Umgehung unseres Gebiets» zu befassen. «Der Plan scheint

Baden zum Urheber zu haben» war alles, was man «nach langem vergeblichem Forschen» herausfinden konnte.[26] Der sonst stets gut informierte Albert Kuntzemüller verkennt die Wichtigkeit dieser Meldung, bei ihm setzen die Bestrebungen für ein konkretes Projekt erst 1866 relativ unmotiviert ein.[27] Die vage Perspektive eines Rheinübergangs wenige Kilometer nördlich von Basel wirkte jedoch beunruhigend genug, um einen unmittelbaren Auftrag an den Kantonsingenieur auszulösen. 1864 lag ein positives Gutachten vor: Es sei eine Beförderung des «Lokalgüterverkehrs der ganzen Region» zu erwarten, wenn man nun aktiv werde. «Die Verbindungsbahn kann zur Entwicklung eines Verkehrs beitragen, der bis jetzt wenig oder gar nicht bestanden hat.»[28] Dies war ein neuer Gedanke, der über die bisherige Wachstumsskepsis hinausführte, der zufolge jedem Gewinn der Konkurrenz unmittelbar ein eigener Verlust zu entsprechen schien. Noch im selben Jahr 1864 begann der Kantonsingenieur Johannes Merian mit der Ausarbeitung von Entwürfen für verschiedene Linienführungen, bei denen die Rheinüberquerung teils oberhalb, teils unterhalb des alten Stadtzentrums geplant war.[29]

Ansonsten aber verblieb Basel auf bewährtem Kurs, der «das Vermeiden alles unnötigen Drängens» zur Devise hatte, «weil solcher Eifer in erster Linie gegenüber der Centralbahn, in zweiter Linie gegenüber von Baden eine entsprechende Mehrbelastung von Basel-Stadt bei den Opfern der gemeinschaftlichen Ausführung zur Folge haben müsste». Womöglich war ja die badische Kontaktaufnahme mit der französischen Ostbahn nur «als Finte anzusehen, die darauf berechnet sei, die Centralbahngesellschaft und Basel-Stadt recht warm und

30   Staatsarchiv Basel-Stadt, J 1, Eisen-
     bahn-Akten, Verbindungsbahn;
     Bürgermeister und Staatskollegium,
     27. Februar 1868

31   Ebd.

32   Staatsarchiv Basel-Stadt, J 1, Eisen-
     bahn-Akten, Verbindungsbahn;
     Bundespräsident Welti an Bürger-
     meister und Rat von Basel-Stadt,
     29. Januar 1869

33   Schweizerischer Volksfreund,
     16. November 1869

34   Staatsarchiv Basel-Stadt, J 1, Eisen-
     bahn-Akten, Verbindungsbahn;
     Bürgermeister und Staatskollegium,
     Bericht vom 22. November 1869

35   Ebd.

36   Siehe hierzu MITTLER, S. 200 ff.

37   Schlussprotokoll vom 13. Oktober
     1869, Artikel 4, zitiert bei KUNTZE-
     MÜLLER (1939), S. 111, Anmerkung 1

38   Staatsarchiv Basel-Stadt, J 1, Eisen-
     bahn-Akten, Verbindungsbahn;
     Direktorium der Centralbahn an
     den Verwaltungsrat, 12. Januar 1870,
     S. 5

opferwillig werden zu lassen».[30] Immerhin informierte man im März 1868 den Bundesrat, der seinerseits die badische Regierung kontaktierte und grünes Licht zur Aufnahme direkter Verhandlungen gab.

Wer trägt die Kosten?

Noch aber stand die Kostenfrage ungeklärt im Raum. Bei der Centralbahn machte man sich Hoffnung, «Baden, das den Hauptnutzen der Verbindung geniesst, werde die eine Hälfte zahlen».[31] Eine solche Bereitschaft bestand keineswegs, im Gegenteil, jetzt gaben sich die Badener ausgesprochen desinteressiert, führten aber ihre Verhandlungen mit den Franzosen weiter, so dass schliesslich auch der Bundesrat den Eindruck gewann, das konkurrierende Projekt werde auf jeden Fall ausgeführt. Hätte man den Bau der Verbindungsbahn «früher an die Hand genommen», befand der Bundesrat mit milder Kritik an der baslerischen Verschleppungspolitik, so hätte man das badisch-französische Projekt «wenn nicht verhindert, [so] doch in die Ferne gerückt». An der Verbindungsbahn in der Stadt sei Baden jetzt hingegen nur noch «mit sehr schwerem Vorbehalte in Beziehung auf die finanzielle Beteiligung» interessiert.[32] Zu allem Übel nahm sich nun auch die radikal-freisinnige Opposition gegen das konservative Ratsherrenregiment in Basel der Thematik an. Der Volksfreund sprach von «Kurzsichtigkeit» und «Unterlassungssünden» der Vergangenheit. Schon bei der Anlage des Stadtplans der in raschem Wachstum begriffenen Stadt hätte man die künftige Verbindung einplanen müssen.[33] Die städtische Behörde empfahl derweil immer noch «eine mehr zuwartende und ruhige Haltung [...], um gegenüber der Centralbahn und der badischen Staatsbahn nicht à tout prix zu Opfern bewogen zu werden, die zu den Vorteilen in keinem Verhältnis» stehen würden.[34] Doch hatte die badische Seite nun die Oberhand gewonnen und verhandelte hart. «Wie uns vorläufig mitgeteilt worden ist, hat Baden gegenüber der Centralbahn hartnäckig auf Forderungen bestanden, welche deren Leistungen bedeutend vergrössern. Vor allem will es nur einen Drittel der Erstellungskosten übernehmen; dann verlangt es einen ziemlich teureren Bau, namentlich Doppelgeleise, was alles die Kosten auf nahezu drei Millionen Franken bringen dürfte. Umgekehrt beansprucht Baden die Hälfte des Betriebsergebnisses.»[35]

Die Rechenkünste der Stadt Basel und der Schweizerischen Centralbahn, die darauf abzielten, einen möglichst grossen Teil der Kosten auf die badische Seite abzuwälzen, wurden nun auch von anderer Seite durchkreuzt. Die seit Jahren laufenden Gespräche über den Bau einer Alpentransversalen waren in ein neues Stadium getreten, seitdem in Österreich 1867 die Brennerlinie als alpenquerende Schienenverbindung eröffnet worden war. Die Schweiz musste mit einem eigenen Projekt aktiv werden, gewissermassen einer Verbindungsbahn im Grossen, die wegen ihrer riesigen Kosten ohne ausländische Unterstützung nicht finanzierbar war – ganz abgesehen von der Tatsache, dass der Bundesrat nach wie vor keine Kompetenzen besass, auf diesem Gebiet selber Initiative zu ergreifen, während sich Ost- und Westschweiz um die Linienführung stritten. Deutschland und Italien gaben schliesslich den Ausschlag für den zentral gelegenen Gotthard als kürzeste Verbindung zwischen diesen beiden Ländern und damit

zugunsten der Centralbahnlinie.[36] Und ganz nebenbei erklärte die internationale Gotthardkonferenz in Bern im Herbst 1869 den Bau der Basler Verbindungsbahn zur Vorbedingung einer ausländischen Subvention für die Gotthardlinie. «Der schweizerische Bund [werde] dafür Sorge tragen, dass durch einen Rheinübergang bei Basel die schweizerische Centralbahn mit dem Bahnnetz des Grossherzogtums Baden in Verbindung gesetzt werde.»[37] Die Verhandlungsposition der Centralbahn gegenüber den Badischen Staatsbahnen wurde damit – wie die erstere beklagte – «nicht gerade besser».[38] Es führte kein Weg mehr daran vorbei, die Verbindungsbahn weitgehend zu den von Baden angebotenen Konditionen – oder eben im Alleingang – zu bauen.

Da es sich um ein grenzüberschreitendes Abkommen handelte, hatten die beiderseitigen Regierungen ihr Einverständnis zu geben. Die konkreten Verhandlungen waren allerdings allein Sache der Bahnverwaltungen. Der Bundesrat griff zwar mehrmals helfend ein, sobald die Gespräche ins Stocken gerieten, dies geschah jedoch stets nur auf Ersuchen der Basler Behörden, die ihrerseits in enger Abstimmung mit der Centralbahn handelten.

Der Vertrag von 1869

Am 23. November 1869 kam es zur Unterschrift unter das entscheidende Dokument: Die zehn Artikel umfassende «Übereinkunft zwischen der Verwaltung der Grossherzoglich-Badischen Eisenbahnen und der Verwaltung der schweizerischen Centralbahn betreffend den Bau und Betrieb einer Verbindungsbahn zwischen dem badischen

Bahnhof in Kleinbasel und dem Bahnhofe der schweizerischen Centralbahn in Gross-Basel».[39] Die Badischen Bahnen hatten ihre Ziele weitgehend erreicht: Für den Bau zeichnete die schweizerische Seite allein verantwortlich; sie hatte auch den grössten Teil der Kosten aufzubringen. «Über die Verteilung der Kosten [...] konnten wir uns nur durch unsere Nachgiebigkeit verständigen», rechtfertigte sich die Direktion der Centralbahn gegenüber dem eigenen Verwaltungsrat.[40] Die Badischen Bahnen waren lediglich bereit, sich an der Verzinsung zu 4,5 Prozent eines Drittels des als Anlagekapital bezeichneten Betrags – man rechnete mit über zwei Millionen Schweizer Franken – zu beteiligen und diesen Betrag halbjährlich mit in der Schweiz akzeptierten Münzsorten zu überweisen. Dafür stand den Badischen Bahnen ein Drittel am Reinertrag zu, über welchen die Centralbahn jährlich Rechnung abzulegen hatte. Im Falle eines Defizits, mit dem man anfänglich rechnete, hätte sie sich entsprechend an dessen Deckung beteiligt. In dieser Hinsicht war die Direktion der Centralbahn jedoch optimistisch: «Was übrigens die Einbusse auf der Verbindungsbahn auch sein mag, so dürfte dieselbe in der Verkehrsvermehrung auf dem Centralbahnnetze und in der Abwendung von anderen Verlusten einen genügenden Ersatz finden.»[41]

«Der Betriebsdienst der Verbindungsbahn ist ein in allen Teilen gemeinschaftlicher», hielt Artikel 7 der Übereinkunft fest, wobei man sich verständigte, «dass einer Verwaltung der grössere Teil der Fahrten oder der ganze Fahrbetrieb zeitweise überlassen» werden konnte – eine Bestimmung, die während der beiden Weltkriege Bedeutung erlangen sollte. Höchst sinnvoll war die Bestimmung, bei der Gestaltung

39   Das Dokument wurde publiziert durch KLEUBLER, S. 134ff.
40   Staatsarchiv Basel-Stadt, J 1, Eisenbahn-Akten, Verbindungsbahn; Direktorium Centralbahn an Verwaltungsrat, 12. Januar 1870
41   Ebd., S. 7
42   KUNTZEMÜLLER (1939), S. 105f.
43   Schweizerischer Volksfreund, 16. Noverber 1869
44   Staatsarchiv Basel-Stadt, J 1, Eisenbahn-Akten, Verbindungsbahn; Berechnung Ende 1869

der Fahrpläne darauf zu achten, «dass die Züge der beiderseitigen Hauptbahnen möglichst genauen Anschluss erhalten» – daran hatte es ja bisher gewolltermassen gemangelt, um die Reisenden zur Übernachtung in der Stadt Basel zu veranlassen. Bezüglich der künftig geltenden Tarife sollte die «Entfernung von Mitte des einen bis Mitte des andern Bahnhofs» zugrunde gelegt werden, dies allerdings unter Erhebung eines Zuschlags «mit Rücksicht auf den durch die Rheinbrücke veranlassten Kostenaufwand». Letzeres war eine Bestimmung, die in späteren Jahren Anlass zu langwierigen Konflikten zwischen der Bahngesellschaft, der Stadt und der Eidgenossenschaft geben sollte. Zu einer eventuellen Kündigung der Übereinkunft fehlten nähere Angaben, es wurde nur festgestellt, dass sich die Badischen Bahnen die Vertragsauflösung für den Fall vorbehielten, dass die schweizerische Seite einen Rückkauf des Badischen Bahnhofs verlangen würde. Erst der im Oktober 1873, kurz vor Eröffnung der Verbindungsbahn vereinbarte Betriebsvertrag hielt präzisierend fest, dass beide Parteien jederzeit mit sechsmonatiger Kündigungsfrist das Vertragsverhältnis beenden konnten. Diese Bestimmung sollte 130 Jahre später, im Jahr 2003, zur Grundlage der von schweizerischer Seite ausgesprochenen Kündigung werden.

Der Bau der Brücke

Die Übereinkunft von 1869 sah zwei Jahre bis zur Eröffnung der Verbindung vor, eine Frist, die sich nicht einhalten liess, denn im Herbst 1870 kam es zum Krieg zwischen Preussen-Deutschland und dem französischen Kaiserreich, der die Planung zum Stillstand brachte und ein gewaltiges Verkehrschaos auf den nahe an den Kriegsschauplätzen gelegenen Bahnlinien verursachte. Im Badischen Bahnhof stauten sich die Güter dermassen, dass schliesslich beide Bahngesellschaften auf das Ausladen für Basel bestimmter Waren verzichteten und diese über Waldshut–Turgi–Aarau–Olten nach Basel Centralbahn führten: Sie nahmen einen Umweg von 148 Kilometern auf sich, der bei Existenz der Verbindungsbahn unnötig gewesen wäre.[42] Nach dem Ende des Kriegs, welcher zur deutschen Annexion des benachbarten Elsass führte, brachte eine Konferenz im Juli 1871 das ins Stocken geratene Projekt wieder in Gang, so dass Anfang 1872 endlich mit den Arbeiten begonnen werden konnte.

Vorgesehen war eine reine Eisenbahnbrücke. Die zeitweise ebenfalls erwogene, kombinierte Lösung für Strasse und Bahn erwies sich als unpraktisch; der gewünschte zweite Strassenübergang wurde erst einige Jahre später mit der Wettsteinbrücke verwirklicht. Keine Chance hatte der sehr modern anmutende Vorschlag von Ingenieur Niklaus Riggenbach, dem bekannten Konstrukteur der Rigi-Bahn, den die freisinnig-radikale Opposition 1869 ins Spiel gebracht hatte: die Brücke doppelstöckig anzulegen, unten die Bahn, oben der übrige Verkehr, und den Anschluss an den Centralbahnhof weitgehend in Tunnelbauten unter den Boden zu verlegen.[43] Eine von der Regierung veranlasste provisorische Berechnung ergab, dass «Riggenbachs Columbus-Ei» beinahe doppelt so teuer gekommen wäre wie das realisierte Projekt.[44] Was den Standort der Brücke betraf, war schon früh die Entscheidung gefallen, dass nur ein Bau oberhalb des alten Stadt-

45   Staatsarchiv Basel-Stadt, Planarchiv
      G 3, 122–126 (3. und 5. Projekt)

46   Staatsarchiv Basel-Stadt, J 1, Eisen-
      bahn-Akten, Verbindungsbahn;
      Bürgermeister und Staatskollegium,
      27. Februar 1868

47   RATSCHLAG, S. 11

48   KUNTZEMÜLLER (1953), S. 43 f.

49   Schweizerischer Volksfreund,
      28. Mai 1872

50   Technische Daten bei
      BREITENMOSER, S. 40 f.

51   Staatsarchiv Basel-Stadt, J 1, Eisen-
      bahn-Akten, Verbindungsbahn;
      C. F. Burckhardt an Major Hoffmann,
      Polizeicorps, 3. April 1873

kerns in Frage kam, obwohl im Rat auch eine Lösung weiter strom-
abwärts Befürworter hatte. Unter den fünf ersten Entwürfen des Kan-
tonsingenieurs von 1864/65 favorisierten in der Tat zwei einen Bau
unterhalb des Zentrums. Die Linie hätte nahe der Horburgstrasse zum
Rhein geführt, um in der Nachbarschaft des Gaswerks (heute Rhein-
park St. Johann) das andere Ufer zu erreichen. Von dort wäre die Bahn
in einer Kurve, vorbei am Kannenfeld, in die Elsässerbahn einge-
mündet.[45] Die obligatorische Spitzkehre aller ins Landesinnere weiter-
fahrenden Züge im Centralbahnhof wäre entfallen beziehungsweise
in den Badischen Bahnhof verlegt worden. Eine solche Lösung kam für
die Centralbahn absolut nicht in Frage. Die Stadt Basel fügte sich
deren Wünschen, wie Bürgermeister und Staatskollegium schon im
Februar 1868 festhielten. «Für die Centralbahn ist die obere Verbindung
schon desswegen eine Conditio sine qua non, weil eine unterhalb
der Stadt sich hinziehende Verbindung wegen ihrer grossen Nähe fast
nothwendig [nach] deren direktem Anzweigen nach St. Louis rufen
müsste. Der Streit, ob die obere oder die untere Verbindung eher in
unserem Interesse läge, kann gegenüber dem Verlangen des Direkto-
riums füglich schweigen.»[46] Mit der Verbindung unterhalb des Zentrums wäre nämlich die rechtsrheinische Verbindung zwischen der
Ostschweiz und Frankreich, unter Umgehung des Centralbahnnetzes,
begünstigt worden, was jener Wirkung entsprach, die man von
der geplanten Brücke zwischen Leopoldshöhe (Weil) und St. Louis be-
fürchtete.

Die gewählte Linie führte ausserhalb des Gellertgutes zwischen der Birsmündung und den Arbeiterwohnhäusern des Quartiers Breite an den Rhein, um dann nördlich des Stroms ein noch weitgehend unbebautes Areal in einer weiten Kurve zum Badischen Bahnhof zu durchqueren, der zu jener Zeit noch am späteren Riehenring lag. Die Strecke wurde durch dieses «Hinausziehen der Bahn» etwas länger, doch rechnete man neben dem geringeren Gefälle auch mit niedrigeren Enteignungskosten bei der Sicherung des Baulands, «indem das Anschneiden kostspieliger Landgüter und Liegenschaften auf beiden Ufern möglichst vermieden bleibt; die der Stadt fernere Schienenlinie schont den Verkehr, die bauliche Entwicklung der äusseren Quartiere und die Annehmlichkeit der Umwohner.»[47] Die Badener hätten eine zweigleisige Brücke vorgezogen, wie sie schon 1861 mit den Franzosen gemeinsam zwischen Strassburg und Kehl über den Rhein gelegt worden war.[48] Dagegen sperrten sich die Schweizer aus Kostengründen. Immerhin baute man die Brückenpfeiler so breit, dass sie für eine zukünftige Erweiterung Raum boten. In der Tat ruht die doppelgleisige Brücke der Gegenwart immer noch auf den alten, wiederholt erneuerten Pfeilern. Ähnlich grosszügig ging man beim Landerwerb vor, um einen späteren zweigleisigen Ausbau zu erleichtern.

Die Bauarbeiten litten unter Verzögerungen: Ende Mai 1872 schwemmte der Hochwasser führende Rhein den hölzernen Hilfssteg fort, «nur die Pfeiler blieben stehen».[49] Die danach errichtete verschweisste eiserne Gitterkonstruktion der Brücke erstellte die bekannte französische Stahlbaufirma Schneider & Cie. aus Creuzot auf der Südseite des Ufers, von wo sie auf die drei mächtigen, im Strom

stehenden steinernen Pfeiler geschoben wurde. In vier Öffnungen überspannte sie den Fluss.[50] Konzipiert war das Bauwerk als Fachwerkbalkenbrücke; es sah ganz ähnlich aus wie die noch heute bestehende Brücke zwischen Waldshut und Koblenz im Kanton Aargau, die bereits 1859 erbaut worden war. Allerdings lag die Fahrbahn nicht zuoberst auf der 5,60 Meter hohen, kastenförmigen Konstruktion, sondern war 1,50 Meter in diese versenkt.

Über die Arbeitsbedingungen auf der Grossbaustelle, über die Herkunft, Zahl und Unterbringung der Beschäftigten sind keine Dokumente erhalten. Der Arbeitsdruck muss zeitweise gross gewesen sein. Sehr zum Missfallen frommer Basler erhielten die Franzosen über Monate hinweg Genehmigung zur Sonntagsarbeit. «Die Polizei muss doch begreifen, dass ihre Stellung ganz unhaltbar wird, wenn sie so die grossen Herren gewähren lässt», ärgerte sich der Basler Bürgermeister C. F. Burckhardt.[51] Die Firma berief sich darauf, dass sie verpflichtet sei, die Brücke bis August 1873 fertig zu stellen. Anfang Oktober war es dann soweit, die Probefahrt stand an. «Vorsichtig, gleichsam tastend fuhr der Zug dahin», berichtete der ‹Schweizerische Volksfreund› «und zwar unter allgemeiner Teilnahme des geladenen und nicht geladenen Publikums. Dem unbefangenen Zuschauer gereichte es wahrhaft zum Ergötzen, die Verwunderung und das seltsame Staunen der Bewohner Birsfeldens und der Breite zu sehen, die sich sämtlich benahmen, als ob das Erscheinen der Lokomotiven ihnen etwas Neues und dasselbe ihnen irgend ein unerwartetes Glück bereite. Über das Resultat der Fahrt selbst vernehmen wir nur, dass der Damm der Bahn sich stellenweise etwas gesenkt, was sehr begreiflich und natürlich ist und dass die Brücke selbst ob der ungewohnten Last sich um einige Millimeter nieder gelassen, nach Entfernung der Lokomotive aber sich wieder gehoben und in die alte Lage zurückgekehrt sei. Ein gutes Zeichen, für die solide Bauart zeugend.»[52]

Das Basler Publikum wartete ungeduldig auf die Inbetriebnahme. Ende Oktober setzten bereits Reklamationen ein, dass der Fahrpreis immer noch nicht bekannt und der Betrieb noch nicht aufgenommen sei. «Basel besitzt also eine Verbindungsbahn, die seit Wochen fix und fertig ist; wer aber glaubt, sie werde zum Fahren benützt, der irrt sich.»[53] Die Centralbahn wehrte sich: Verursacherin der Verzögerung sei allein die Badische Bahn, «welche bekanntlich Miteigenthümerin der Bahn ist und anlässlich der Behandlung der Betriebsfrage Bedingungen aufzustellen versucht, welche die Centralbahn nicht anzunehmen im Falle ist. Speziell die Tarife sind längst aufgestellt, vom Bundesrath genehmigt und gedruckt.»[54] Kurz darauf, am 3. November 1873, nahm die Basler Verbindungsbahn offiziell den Betrieb auf. Trotz Terminüberschreitung waren die Baukosten leicht unter dem Voranschlag geblieben: Sie betrugen 2,2 Millionen Schweizer Franken. Die Stadt Basel subventionierte den Bau, indem sie der Centralbahn die städtischen Lagerhäuser beim Centralbahnhof im Wert von rund 0,5 Millionen Schweizer Franken abtrat. Umgekehrt übernahm die Bahngesellschaft die Hälfte der Kosten für den von der Stadt gewünschten Fussgängersteg, der auf der Westseite, der Stadt zugewandt, an die Brücke angehängt worden war.

52   Schweizerischer Volksfreund, 9. Oktober 1873, Basel (Eingesandt)

53   Basler Nachrichten, Nr. 253, 25. Oktober 1873

54   Basler Nachrichten, Nr. 255, 28. Oktober 1873

55   Staatsarchiv Basel-Stadt, J1, Eisenbahn-Akten, Verbindungsbahn; Bürgermeister und Staatskollegium, 27. Februar 1868

56   SCHARF, Bd. 3, S. 60 ff.; KUNTZEMÜLLER (1953), S. 99

57   SCHARF, Bd. 3, S. 234

Das Konkurrenzunternehmen Hüninger Brücke

Als Nachbemerkung sei hinzugefügt, dass die Badischen Bahnen ihr konkurrierendes Projekt eines Rheinübergangs nördlich von Basel, das so viel Beunruhigung ausgelöst hatte, kurze Zeit später doch noch realisierten. Das von der Centralbahn gewünschte vertragliche Verbot jeder weiteren Verbindung «bis auf 15 Kilometer unterhalb der Schweizergränze während einer festzusetzenden nicht zu kleinen Frist» erwies sich als unrealisierbar.[55] Einige Wochen vor der Einigung mit der Centralbahn hatten die Badischen Bahnen eine entsprechende Vereinbarung mit der französischen Ostbahn unterzeichnet. Dann veränderte der deutsch-französische Krieg die Lage erneut: Das Elsass war seit 1871 deutsch besetzt und annektiert, ab 1878 verband eine Eisenbahnbrücke Hüningen und Weil-Leopoldshöhe. Sie stand nahe der Stelle, wo sich heute die Palmrainbrücke befindet, und war für den Fall eines erneuten deutsch-französischen Kriegs von grosser militärischer Bedeutung.[56] Die deutsche Niederlage im Ersten Weltkrieg versetzte die Brücke ins verkehrspolitische Abseits: Ab 1919 kam der Verkehr hier fast zum Erliegen, 1937 erfolgte die definitive Stilllegung. Die Franzosen demontierten die Brücke und lagerten sie sorgfältig für mögliche militärische Verwendungen ein. Als Beute 1940 erneut in deutsche Hände gefallen, sollte sie ihre bewegte Laufbahn als Militärbrücke im Russlandkrieg beschliessen.[57]

Die Brücke über den Rhein – das Herz-
stück der Verbindungsbahn (linke Seite).
Um 1905, Ernst Ehmel.

Die älteste Bahnverbindung Basels war
die Elsässerbahn, die 1844 die Stadt
erreichte. Nach 1900, Fotograf unbekannt.

Luftaufnahme des bekannten Ballonfliegers Spelterini (linke Seite). Rechts aussen die Brücke der Verbindungsbahn, die in weiter Kurve nördlich des Rheins durch noch fast unbebautes Areal zum Badischen Bahnhof (Bildmitte) führte, der damals noch am heutigen Riehenring lag. Um 1908, Eduard Spelterini.

Luftaufnahme, im Vordergrund die Baustelle des Kraftwerks Birsfelden, im Hintergrund die Eisenbahnbrücke, gut erkennbar am linken Bildrand das noch weitgehend unbebaute Areal des Gellertdreiecks. 1951, Felix Hoffmann.

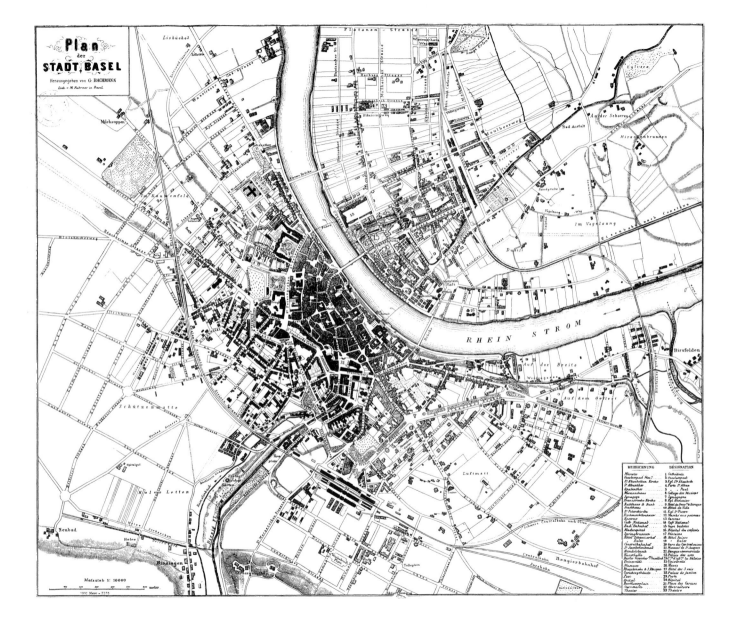

Plan der STADT BASEL

Herausgegeben von G. BACHMANN

Lith. v. M. Kuhner in Basel.

Maßstab 1: 10000

BEZEICHNUNG	DÉSIGNATION
Münster	1 Cathédrale
Gasthauspl. Hm.?	2 Grauhauspl.
St Elisabethen Kirche	3 Égl. St Elisabeth
St Albanthor	4 Porte St Alban
Spalenthor	5 Paul
Mannerhaus	6 Collège des Messieurs
Synagoge	7 Synagogue
Franziskaner Kirche	8 Égl. Brémaire
Rathhaus & Bank	9 Hotel de Ville & Banque
Stadthaus	10 Hôtel de Ville
St Peterskirche	11 Égl St Pierre
Fischmarktbrunnen	12 Marché aux poissons
Kaserne	13 Caserne
Café National	14 Café National
Bad National	15 Guye bodnire
Kinderspital	16 Hopital des enfants
Springbrunnen	17 Fontaine
Hôtel Schweizerhof	18 Hôtel Suisse
Kuhe	19 Kuhe
Centralbahnhof	20 Gare des Centralmes
St Jacobsdenkmal	21 Monumt de St Jacques
Handelsbank	22 Banque commerciale
Kunsthalle	23 Palais des arts
Basler Versicher Verwaltlek	24 d'Assur la Balvice
Universität	25 Université
Museum	26 Musée
Rheinbrücke & 3 Mürzgeu	27 Hôtel des 3 rois
Gerichtsgebäude	28 Palais de justice
Post	29 Poste
Spital	30 Hôpital
Barfüsserplatz	31 Place des Carmes
Cornmarkt	32 Observatoire
Theater	33 Théatre

RHEIN STROM

Birsfelden

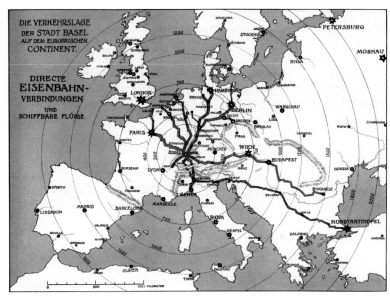

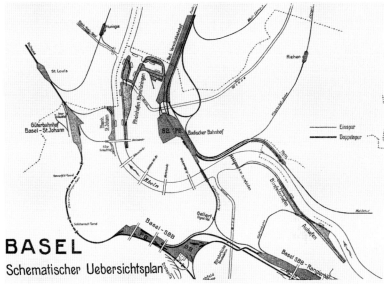

Der Stadtplan von 1877 (linke Seite) zeigt
die Verbindungsbahn; noch fehlt die
Verzweigung südlich des Stroms, die Linie
führt nach Westen zum Güter- und Personenbahnhof Basel Centralbahn, von dort
führt die Elsässerbahn nach Nordwesten.

Die Karte von 1925 verdeutlicht die zentrale Verkehrslage der Stadt Basel.

Bahnlinien und Bahnhöfe 1962, im
Moment der Fertigstellung der doppelspurig ausgebauten Brücke. Ein weiterer
markanter Bestandteil der Verbindungsbahn ist das Gellertdreieck südlich
des Rheins, mit der Abzweigung nach
Osten zum Rangierbahnhof Muttenz
(seit 1927) und der nach Westen zum
Güter- und Personenbahnhof Basel SBB.
Gut erkennbar ist der enorme Raum-
bedarf der Bahnanlagen in der Stadt
Basel. Ein Teil der DB-Areale wird gegenwärtig für neue Nutzungen frei.

Alter Centralbahnhof. 1880er Jahre,
Fotograf unbekannt.

Neuer Bahnhof SBB, fertiggestellt 1906.
Um 1906, Fotograf unbekannt.

Alter Badischer Bahnhof am jetzigen
Riehenring. Fuhrwerke wie die im Vordergrund besorgten bis 1873 die Verbindung
zum Centralbahnhof in Grossbasel. Undatierte Aufnahme, Fotograf unbekannt.

Das markante Empfangsgebäude des
Badischen Bahnhofs entwarf der
Architekt Karl Moser. 1913 eröffnet, wurde
der Bahnhof im Jahr darauf wegen Kriegsausbruch gleich wieder geschlossen.
1954, Fotograf unbekannt.

Hüningerbrücke, 1878 fertiggestellt. Lang
umstrittenes Konkurrenzunternehmen
zur Basler Verbindungsbahn. Undatierte
Aufnahme.

Brücke Koblenz – Waldshut, in dramatisch
überhöhtem Stich von 1859, ein weiteres
konkurrierendes Brückenprojekt.

Die Waldshuter Brücke von 1859 existiert noch heute in der alten Form. Sie wird, durch die S-Bahn, heute wieder dicht befahren. 1925, Fotograf unbekannt.

In liberalen Zeiten 1873–1914

Die Basler Verbindungsbahn war noch im Bau, als der Schweizerische Volksfreund, der sich eben noch für das Projekt stark gemacht hatte, die Frage aufwarf, ob in Basel nicht «noch andere Interessen zu berücksichtigen [seien], als nur diejenigen des grossen Transits, dass auch noch für andere Leute zu sorgen ist, als für die Centralbahn und einige Grosshändler».[58] Der wenig verhüllte Seitenhieb gegen ein Vorhaben, das angeblich nur einer schmalen Elite diente, war ein Ausdruck der stets hitzig-demagogischen Debatten um Eisenbahnfragen, mit denen sich allemal politisch Stimmung machen liess. Einen riesigen Verkehr auf der neuen Linie erwarteten indes auch die Bahngesellschaften nicht. Die Realität der folgenden Jahrzehnte strafte solche Skepsis Lügen.

In dieser Zeit wuchs Basel zur Grossstadt heran: Die Volkszählung von 1900 ergab erstmals eine Bevölkerungszahl von über 100 000 Menschen – mehr als doppelt so viele wie zur Zeit der Eröffnung der Verbindungsbahn. Die Stadtlandschaft, die von immer mehr Zügen täglich durchquert wurde, veränderte sich gründlich. Dies war nur Teil einer grösseren Entwicklung. Die schweizerische und die Weltwirtschaft expandierten in diesen Jahrzehnten enorm: Neue Exportindustrien entstanden; Millionen von Menschen zogen in die Städte oder nach Übersee; eine Mittelschicht von wachsendem Wohlstand erwarb die zum Reisen nötigen Mittel. Die internationale Bewegung von Menschen, Gütern und Kapital wuchs in dieser ersten Periode intensiver Globalisierung, die mit dem Beginn des Ersten Weltkriegs 1914 abrupt zu Ende gehen sollte, in beispiellosem Tempo.

58 Schweizerischer Volksfreund,
    13. Februar 1872

59   Siehe hierzu Basler Nachrichten,
      Nr. 90, 1. Apil 1942

60   Siehe THIESSING, Bd. 1, S. 111; sowie
      Schweizerische Centralbahn,
      Bericht 1901, S. 80

61   Erst ab 1885 geben die Berichte der
      Schweizerischen Centralbahn
      neben der Zahl der eigenen Züge
      auf der Verbindungsbahn auch jene
      der Badischen Staatsbahnen an

62   Schweizerische Bundesbahnen,
      Statistisches Jahrbuch 1902, S. 133

63   Die Verwaltungsberichte des Regie-
      rungsrates des Kantons Basel-Stadt
      enthalten bis zur Jahrhundert-
      wende eine grafische Übersicht des
      Personen- und Güterverkehrs aller
      Basler Bahnhöfe. Aussenhandels-
      daten für diese Periode bei
      RITZMANN, S. 696

64   Siehe Schweizerische Centralbahn,
      Bericht 1901, S. 31

65   Zitiert bei KUNTZEMÜLLER (1954),
      S. 5

Wer über die Basler Rheinbrücke fuhr, hatte allerdings in den ersten Jahrzehnten des Betriebs auf die Uhrzeit Acht zu geben. Am Basler Centralbahnhof galt Berner Zeit, am Badischen Bahnhof Karlsruher Zeit – und letztere hatte vier Minuten Vorsprung.[59] Im Frühjahr 1892 führte Süddeutschland die Mitteleuropäische Zeit ein, womit die Zeitdifferenz auf eine halbe Stunde anwuchs. Dies hatte die kuriose Konsequenz, dass die von Norden her kommenden Reisenden zwanzig Minuten früher in Basel Centralbahnhof ankamen, als sie im Badischen Bahnhof abgefahren waren, denn die reine Fahrtzeit auf der Verbindungsbahn betrug zehn Minuten. Am 1. Juni 1894 übernahm auch die Schweiz das System der Mitteleuropäischen Zeit, so dass die Uhren seither parallel laufen. Die Eisenbahnen haben einen wesentlichen Beitrag zu dieser Vereinheitlichung der nationalen und internationalen Zeitmessung geleistet.

Mächtig wachsender Verkehr

Die Sorge der Schweizerischen Centralbahn, der Gemeinschaftsbetrieb mit den Badischen Staatsbahnen könnte ein Defizitunternehmen werden, erwies sich angesichts der Entwicklung des Verkehrs als völlig unbegründet. Die Bezahlung der 4,5 Prozent Zinsen, die jährlich auf das Anlagekapital von 2,2 Millionen Schweizer Franken zu entrichten waren – knappe 100 000 Schweizer Franken – bereitete keinerlei Mühe. Es blieb stets ein ansehnlicher Überschuss zur Verteilung zwischen den beiden Bahngesellschaften. Gerade in geschäftlich ungünstigen Jahren warf die Verbindungsbahn willkommene

Nebeneinnahmen ab. Zwar unterlag auch hier der Verkehr dem allgemeinen Auf und Ab der Konjunktur, doch waren diese Ausschläge weit weniger stark. So schrumpften die Gesamteinnahmen der Centralbahn während der grossen Krise in der zweiten Hälfte der 1870er Jahre um nicht weniger als 43 Prozent, so dass 1878/79 keine Dividende mehr ausgezahlt wurde, während die Einnahmen bei der Verbindungsbahn nur um 27 Prozent zurückgingen.[60] Besonders stetig entwickelte sich der Personenverkehr. Während der ersten zehn Betriebsjahre verkehrten jährlich 50 000 bis 60 000 Fahrgäste auf der Verbindungsbahn; dann setzte ein lang andauernder Anstieg ein, der von der Eröffnung der Gotthardbahn im Jahr 1882 beflügelt wurde. Dreissig Jahre dauerte dieser Höhenflug. Einzig die Krisenjahre 1884 und 1902 zogen Einbrüche von jeweils rund 10 Prozent im Passagieraufkommen nach sich. Schon in dem jeweils nachfolgenden Jahr waren diese Verluste mehr als wettgemacht. Die Zahl der Fahrgäste stieg bis zum Vorabend des Ersten Weltkriegs auf beinahe 300 000.

Noch stärker nahm der Gütertransport zu, der sich von etwa 150 000 Tonnen jährlich zu Beginn der 1880er Jahre auf deutlich über eine Million Tonnen am Vorabend des Ersten Weltkriegs vergrösserte. Der Güterverkehr war aber konjunkturanfälliger als der Personenverkehr, Umsatzeinbrüche erfolgten etwas häufiger, konnten bis zu 12 Prozent oder 13 Prozent ausmachen. Noch um 1885 kamen auf einen täglichen Verkehr von etwa elf Personenzügen nur ein bis drei Güterzüge.[61] Um 1900 rollten täglich etwa doppelt so viele Züge über die Brücke – an die dreissig – darunter zehn bis zwölf Güterzüge. Der Güterverkehr war weit einträglicher, als die Zahl der Züge vermuten lässt, die Einnahmen der Verbindungsbahn beruhten in hohem Mass auf ihm. Zum Vergleich: 1902, in ihrem ersten vollen Betriebsjahr, erwirtschafteten die Schweizerischen Bundesbahnen 58 Prozent der Transporteinnahmen auf ihrem Gesamtnetz (ohne Verbindungsbahn) mit dem Gütertransport; auf der Verbindungsbahn waren es nicht weniger als 85 Prozent.[62] Im Übrigen war – den Handelsströmen entsprechend – der Verkehr von Norden nach Süden stets weit grösser als der von Süden nach Norden, und dies mit zunehmender Differenz: Im Jahr 1878 lag der Nord-Süd-Verkehr nach Gewicht 2,2-mal so hoch wie der Verkehr in der Gegenrichtung, 1888 war er 2,6-mal und 1900 sogar 4,4-mal so hoch.[63] Die Schweiz importierte eben weit mehr Güter aus Deutschland, als sie dorthin ausführte. Die wichtigste Einzelposition der über die Verbindungsbahn in die Schweiz rollenden Güter blieb über lange Zeit die Kohle. Bei der reinen Gewichtsmasse der Importe schlug diese besonders zu Buche. Es entsprach der sich ausprägenden Struktur der schweizerischen Aussenwirtschaft, Rohstoffe und Halbfabrikate zu importieren und zu verarbeiten, hochwertige Güter zu exportieren.[64]

Jacob Burckhardt, der sich anfänglich über die lärmige Baustelle der Verbindungsbahn geärgert hatte, befand 1876, dass es doch praktisch wäre, «jede halbe Stunde einen Zug hin und her gehen zu lassen; ein grosser Teil der Bevölkerung beider Ufer könnte sich hieran als an eine Bequemlichkeit für Transporte aller Art gewöhnen».[65] Für den innerstädtischen und den Regionalverkehr allerdings blieb die Verbindungsbahn wenig wichtig. Sie diente vor allem dem Fernverkehr und dem Transit, denn es verkehrten ausschliesslich Schnellzüge. Eine

66   Archiv SBB Historic, SBB 57, Bd. 6,
      Neuordnung der Tarifverhältnisse.
      Statistik über den Personenverkehr
      auf der Basler Verbindungsbahn
      1901, 26. April 1902. Für andere Zeit-
      punkte existieren keine ähnlichen
      Daten

67   Siehe Regierungsrat des Kantons
      Basel Stadt, Verwaltungsbericht,
      Anhang

68   Ebd.; die grafischen Darstellungen
      vermitteln ein anschauliches Bild
      des Verkehrs aller Basler Bahnhöfe

69   CEBULLA, Florian: Grenzüberschrei-
      tender Schienenverkehr.
      In BURRI (2003), S. 28

70   Beispiele bei: KUNTZEMÜLLER (1939),
      S. 114 f.

71   Archiv SBB Historic, SCB 03, Bd. 41,
      Verhandlungen mit der Badischen
      Bahn in Sachen Fahrdienst-
      vorschriften für die Verbindungs-
      bahn. Brief der Badischen
      Staatsbahn, 6. März 1897

72   Siehe KREIS / von WARTBURG, S. 209;
      sowie SCHWEIZER-VÖLKER

Berechnung von 1901 zeigt, dass nur 9 Prozent der Reisenden lediglich von einem Basler Bahnhof zum anderen fuhren, hingegen 32 Prozent im Transit verkehrten; die übrigen reisten entweder vom Central-bahnhof Basel (ab 1902 Basel SBB) weiter nach Norden beziehungsweise von weiter nördlich gelegenen Orten zum Centralbahnhof.[66] Im internationalen Reiseverkehr spielte Basel vor allem die Rolle des Ein-gangstors, die Rückreise erfolgte auf anderen Wegen, so dass auch im Personenverkehr die Nord-Süd-Bewegung grösser war als jene in der Gegenrichtung. Der Unterschied war weniger markant als bei den Waren, nahm jedoch kontinuierlich zu: 1878 war der Nord-Süd-Verkehr 1,4-mal so gross wie in der Gegenrichtung, zehn Jahre später 1,5-mal, 1900 war er 2,6-mal so gross.[67] Der Personenverkehr auf der Verbindungsbahn war international und sozial vergleichsweise ex-klusiv, die Mehrheit der Passagiere reiste erste und zweite Klasse, während auf dem übrigen Netz der SBB wie auch bei den deutschen Bahngesellschaften die überwältigende Mehrheit dritte Klasse fuhr. Die starke Zunahme bis zum Ersten Weltkrieg war an den Aufstieg der schweizerischen Tourismusbranche gekoppelt: Im Juli und August stieg die Zahl der Reisenden auf Höchstwerte, die vier- bis fünfmal so hoch lagen wie bei Jahresbeginn – eine Wintersaison gab es praktisch noch nicht, der Wintersport in den Alpen befand sich noch in seinen Anfängen.

So beeindruckend das nationale und internationale Wachstum des Verkehrs vor dem Ersten Weltkrieg erscheint, darf dabei nicht übersehen werden, dass der grenzüberschreitende Basler Transit zunächst relativ schwach frequentiert war. Selbst die 1869 eröffnete badische Nebenlinie in das hoch industrialisierte Wiesental wies im ausgehenden 19. Jahrhundert einen stärkeren Personen- und Güterverkehr auf als die Verbindung über den Rhein. Von allen Verbindungen, die von Basel Centralbahnhof oder von Basel Badischer Bahnhof befahren wurden, war der Übergang zwischen den beiden Bahnhöfen der am schwächsten frequentierte.[68] Dies war durchaus typisch für den grenzüberschreitenden Verkehr jener Zeit und der darauf folgenden Jahrzehnte: Die staatlichen Grenzen stellten, auch vor dem Ersten Weltkrieg, eine hohe Hemmschwelle dar. Die zunehmende Bedeutung staatlicher Monopolbetriebe im Eisenbahnverkehr begünstigte die nationale Abschottung der Bahnnetze noch zusätzlich.[69]

Alltag einer innerstädtischen Bahnverbindung

Der Alltagsbetrieb auf der Verbindungsbahn spielte sich rasch und reibungslos ein. Eine wachsende Zahl von Zügen, stets ein wenig mehr der badischen als der schweizerischen Bahnen, verkehrten auf der Strecke. Wenn es Probleme gab, so waren diese banaler Natur, wie etwa regelmässig auftretende kleine Abrechnungsdifferenzen.[70] Die anfallende Korrespondenz war ebenso höflich wie bürokratisch, in der fleissig und sauber ausgeführten Anhäufung von Stempeln und Dienststellenvermerken glichen sich die Verwaltungen. Im Lauf der 1890er Jahre hielt die Schreibmaschine Einzug in der Bahnverwaltung, die darin vielen anderen Unternehmen voranging. Bisweilen überboten die Verwaltungsleute der Centralbahn den bürokratischen Perfektionismus ihrer badischen Kollegen noch, so in der Frage, wie mit den Dienstvorschriften umzugehen sei: Der Betriebsvertrag von 1873 hielt fest, dass ausschliesslich die schweizerischen Vorschriften Geltung haben sollten. 1897 wehrte sich die badische Generaldirektion gegen das Ansinnen des Centralbahndirektoriums, es seien die auf der Verbindungsbahn verkehrenden deutschen Beamten «durchwegs mit den für die schweizerischen Eisenbahnen erlassenen Dienstvorschriften, soweit sie sich auf den Fahrdienst beziehen, in ihrem vollen Umfange auszurüsten». Dem hielten die Karlsruher den praktischen Einwand entgegen, dass sich auf «der nur 4,89 km langen, zwei benachbarte Bahnhöfe verbindenden Bahnstrecke der Betrieb in der Wirklichkeit höchst einfach gestaltet», so dass es «genüge, wenn dem diesseitigen Fahrpersonal nur jene Vorschriften bekannt gegeben werden, die überhaupt auf der Verbindungsbahn gegebenenfalls zur Anwendung zu kommen haben». Andernfalls sei höchstens eine «Verwirrung des Personals zu befürchten».[71]

Hatte die Bahn bei ihrer Eröffnung noch weitgehend unbebautes Terrain durchquert, so änderte sich dies gründlich. In Kleinbasel wie auf der Grossbasler Seite entstanden im Einzugsbereich der Bahn neue Stadtteile, die vor allem frisch zugewanderte Stadtbewohner aufnahmen, in erster Linie wenig bemittelte Arbeiter, Dienstboten, Verkäuferinnen und Handwerker. Im Stadtteil Breite, unmittelbar neben dem südlichen Brückenkopf, standen schon bei der Betriebsaufnahme der Verbindungsbahn die Arbeiterwohnhäuser der Gesellschaft für das Gute und Gemeinnützige.[72] Auf der Kleinbasler Seite nahm gleich neben dem Brückenkopf eine Brauerei mit angeschlossener Gastwirtschaft den Betrieb auf: die spätere Rheinburg, nach dem Zweiten

73 Mündliche Auskunft von Felix Hoff-
    mann, Basel, 10. Februar 2004

74 SCHÜLER, S. 26

75 BREITENMOSER, S. 40

76 Staatsarchiv Basel-Stadt, J 1, Eisen-
    bahn-Akten. Verbindungsbahn;
    Kantonsingenieur Bringolf,
    Anweisung 29. März 1883

77 Ebd.; Centralbahn an Polizei-
    departement, 22. Dezember 1883

78 Staatsarchiv Basel-Stadt, J 1, Eisen-
    bahn-Akten. Verbindungsbahn;
    Fortsetzung ab 1892 im Dossier J 2,
    Eisenbahngefährdungen, Unglücks-
    fälle

79 Siehe Staatsarchiv Basel-Stadt, J 1,
    Eisenbahn-Akten. Verbindungs-
    bahn; Rapport 20. November 1880
    sowie weitere Berichte zum
    Unglück

80 Ebd.

81 Ebd.; Polizeirapport, 6. August 1891

82 Ebd.; Eingabe Seiler & Co.,
    18. Oktober 1902; erste Klage
    25. April 1894, zitiert 16. August 1901

Weltkrieg dann Rheinhalle, deren Eckbau oftmals auf Bildern der
Brücke zu erkennen ist. Bekannt war die Gastwirtschaft unter
dem Namen ‹Nasencasino›, in Anspielung auf den hier praktizierten
Fischfang.[73]

Ein markant ‹baslerisches› Monument wurde die Eisenbahnbrücke
nie, was mit dem Charakter der Stadtteile, welche von der Verbindungsbahn durchfahren wurden, zusammenhängen mag. Ein
Reiseführer von 1876 hatte sie, neben dem Münster und dem Centralbahnhof, noch zu den besonderen Sehenswürdigkeiten der Stadt
gezählt.[74] Diese Sicht vermochte sich nicht durchzusetzen. Sie
sei «nicht sonderlich schön» und hemme den Schiffsverkehr, hielt
eine Stimme aus späteren Zeiten 1962 fest, die eine vermutlich schon
früher verbreitete Ansicht wiedergab.[75] ‹Basel und seine drei Rheinbrücken› (gemeint sind Johanniterbrücke, Mittlere Brücke und
Wettsteinbrücke) avancierte seit 1900 zum beliebten Postkartensujet;
die vierte wurde gar nicht mitgezählt. Sie trug, im Unterschied zu
den übrigen, keinen offiziellen Namen. Auch der Volksmund verlieh
ihr keinen. Fotografiert wurde sie vergleichsweise selten und dann
eher zufällig. Wenn der Basler Künstler Niklaus Stoecklin sie 1917 zum
Thema eines Bildes machte, so stellte dies eine Ausnahme dar.

Dabei gehörte die Brücke zum Alltag einer stetig wachsenden
Zahl von Menschen. Immer dichter wurde der Fussgängerverkehr entlang des Zufahrtsdamms zur Brücke und auf dem schmalen, nur
1,50 Meter breiten Steg. Der Kantonsingenieur mahnte die Bahnwärter
wiederholt, für Sauberkeit zu sorgen, «sonst würden die Nischen,
namentlich die neben dem Fussweg, einem Abtritt ähnlich werden».[76]

Die Centralbahndirektion beklagte sich ihrerseits angesichts der dichter werdenden Bevölkerung entlang der Bahn über «Beschädigungen an den Bahnpolizeitafeln und der Bahn-Einfriedung, welche in letzter Zeit, namentlich an Samstag Abenden zu beiden Seiten der Rheinbrücke vorkommen».[77] Auf die Schienen gelegte kleine Steine oder Steinwürfe gegen fahrende Züge waren öfter zu verzeichnen, der Verdacht fiel jeweils auf «kleine Knaben», die nie gefasst werden konnten. Da ‹Eisenbahngefährdung› ein Bundesdelikt war, gelangte die Meldung solcher Vorfälle bis vor den Bundesrat.[78] Eigentliche Unglücksfälle blieben an der Verbindungsbahn selten. Als im November 1880 eine Lokomotive auf der Brücke aus den Schienen sprang, wäre es allerdings beinahe zu einer Katastrophe gekommen: Nur das Gitterwerk der Brücke verhinderte den Absturz in den Fluss.[79] «Beschädigt wurde niemand», meldete der rapportierende Polizeigefreite.[80] Tragisch waren die Selbstmorde, unvermeidliche Begleiterscheinung jeder Bahnlinie im dicht besiedelten Raum: Es waren ausschliesslich Männer, meist allein stehende und fremde, wenig bemittelte Tagelöhner und Arbeiter, die auf diese Art den Tod suchten. Ein 24 jähriger Steindrucker, aus Sissach stammend und in Birsfelden wohnhaft, konnte 1891 von Anwohnern rechtzeitig von den Schienen gezogen werden: «Er gab an, Arbeitslosigkeit sowie körperliche Gebrechen habe ihn zu solchem Entschluss gebracht.»[81]

Ab 1894 setzten Klagen über den Zustand des Brückenstegs ein: Die Fugen der längs gelegten Bretter seien zu breit, was für Frauen mit Kinderwagen sehr hinderlich sei, der Holzbelag infolge «starker Abnützung» eine Zumutung. Acht Jahre nach Beginn der Klagen kam

es im Herbst 1902 zur Ersetzung durch Zement: Der Übergang wurde nach zweitägiger Vorankündigung für fünf Wochen gesperrt. Die Firma Seiler & Co. beschwerte sich per Eingabe bei der Stadt: «Es ist für die Arbeiter, welche in Grenzach Horn in unserer Fabrik beschäftigt sind, und in Birsfelden wohnen, von welchen etwa 130 Personen die Brücke passieren müssen, eine empfindliche Störung.»[82] Auch bei der Regierung ärgerte man sich über die Bahn, die es nicht für nötig befunden hatte, früher über die geplanten Arbeiten zu informieren. In der Folge wurde eine tägliche temporäre Öffnung vereinbart, während der die Arbeiter im Konvoi über die Brücke geführt wurden. Zu dieser Zeit hatte sich das Verhältnis zwischen Bahn und Stadt deutlich verschlechtert, was allerdings weniger mit den nachlässig behandelten Anliegen von Stadtteilbewohnern als mit der Tarifpolitik der Verbindungsbahn zu tun hatte.

Der Streit um die ‹Brückenfracht›

Die Basler Verbindungsbahn hatte ihren eigenen Tarif, die oft beklagte ‹Brückenfracht›. Der erste Protest gegen diese war von harmloser Art und dürfte leicht seine Lösung gefunden haben: Exakt eine Woche nach Eröffnung der Verbindungsbahn reklamierte Major Hoffmann vom Polizeicorps und verlangte freie Fahrt für die Polizeiorgane, die an beiden Bahnhöfen mit der Zollkontrolle beschäftigt seien. «Wenn man nun bedenkt, dass zwei Hauptbahnhöfe in ein und derselben Stadt, auf eine halbe Wegstunde voneinander entfernt und durch eine Bahn, auf welcher die Strecke 9 Mal im Tag in wenigen Minuten

83 Ebd.; Bericht 10. November 1873.
Eine Antwort liegt im Dossier
nicht vor

84 Ebd.; Eingabe von 46 Kleinbasler
Firmen an den Bundesrat,
12. März 1903

85 Ebd.; Regierungsrat Basel-Stadt an
SBB, 6. Dezember 1912

86 Zitiert bei KLEUBLER, S. 136

87 Staatsarchiv Basel-Stadt, J 1, Eisen-
bahn-Akten. Verbindungsbahn;
Eingabe Ingenieur W. Hetzel,
Juni 1902

88 Archiv SBB Historic, SBB 57, Bd. 6,
Tarifverhältnisse 1902–1911;
Besprechungsnotiz, 10. Juni 1903

89 Staatsarchiv Basel-Stadt, J 1, Eisen-
bahn-Akten. Verbindungsbahn;
Regierungsrat an Generaldirektion
SBB, 6. Dezember 1911

90 Archiv SBB Historic, SBB 6, Bd. 7,
Handakten betr. Basler Verbindungsbahn; Notizen betr. die Basler
Verbindungsbahn, 19. Juni 1911
(unsigniert), S. 5

zurückgelegt wird, miteinander verbunden sind und von der Polizei nicht ein Mal frei benutzt werden darf, obschon dieselbe an beiden Orten zum Zollschutz und Sicherheits- und Ordnungsdienst stationiert ist, so ist es geradezu zum Staunen.»[83]

Am Anfang der eigentlichen baslerischen Proteste gegen die Tarifbildung der Verbindungsbahn stand eine an den Bundesrat gerichtete Eingabe von 46 Kleinbasler Firmen im März 1903, also kurz nach dem Übergang der Centralbahn in die neu geschaffenen SBB, die der Oberaufsicht des Eidgenössischen Post- und Eisenbahndepartements unterstellt waren. Die auf diesen Zeitpunkt fällig werdende Tarifrevision der zusammengelegten Privatbahnen bot die Gelegenheit, «auf ein Tarifverhältnis aufmerksam zu machen, das von den meisten schon längst als eine Ungleichheit gegenüber anderen Stationen empfunden wird; es betrifft das die Brückenfracht zwischen dem Badischen Bahnhof und dem schweizerischen Bundesbahnhof und vice versa, die bis auf den heutigen Tag [...] auf allen über die Brücke gehenden Gütern erhoben wird».[84] Bitter beklagten sich die Kleinbasler Geschäftsleute, gegenüber anderen Stadtteilen, insbesondere gegenüber dem neuen Güterbahnhof St. Johann, zurückgesetzt zu werden. Unterzeichnet hatten die künftigen Grossunternehmen der noch in den Kinderschuhen steckenden Chemie: Johann Rudolf Geigy, die Ciba, Hoffmann-La Roche sowie mehrere Brauereien und zahlreiche Gewerbebetriebe.

Das Anliegen fand in Basel breite politische Unterstützung. Im Verwaltungsrat der SBB brachte der Basler Regierungsrat Max Wullschleger zur Sprache, «ob es sich rechtfertige, nachdem die Linie nun seit 30 Jahren im Betrieb stehe und ihre Rendite abgeworfen habe, bei der Taxbildung noch auf die hohen Baukosten besondere Rücksichten zu nehmen».[85] Letzteres bezog sich auf die Formulierung der Übereinkunft von 1869, «mit Rücksicht auf den durch die Rheinbrücke veranlassten Kostenaufwand» solle dem Distanztarif ein «angemessener Betrag zugeschlagen» werden.[86] Was aber war «angemessen»? In der Praxis legte die Verbindungsbahn der Tarifberechnung die doppelte Distanz zugrunde, zehn statt fünf Kilometer. Es bedurfte nur eines Blicks in die Geschäftsberichte der Centralbahn beziehungsweise ab 1902 in die der SBB, um zu erkennen, dass die kurze Strecke aufgrund dieser Bestimmung ansehnliche Einnahmen erzielte. «Die Basler Verbindungsbahn ist die best rentierende Linie, die's in der Schweiz gibt», behauptete eine Eingabe von 1902 – und trug damit erstmals eine in den kommenden Jahrzehnten mit schöner Regelmässigkeit wiederholte Ansicht vor.[87] Eine Besprechung mit Vertretern der Badischen Bahnen erbrachte das überraschende Resultat, dass die Badener das Tarifsystem der Verbindungsbahn ebenfalls als ‹veraltet› betrachteten. «Die Bau- und Betriebskosten der Basler Verbindungsbahn», führte Oberregierungsrat Julius Schulz aus, «rechtfertigen die vorgeschlagenen hohen Taxen nicht, wie denn beispielsweise auch für den Transitverkehr über die Rheinbrücke zwischen Mannheim und Ludwigshafen ausser einer Erhöhung der Tarifkilometer keine besonderen Abfertigungsgebühren erhoben werden. Solche Brückenzuschläge stossen mehr und mehr auf Widerstand […].»[88]

Zu mehr als einem minimalen Zugeständnis war die Verwaltung der SBB, die noch vollauf mit der Integration des neuen Grossunternehmens beschäftigt war, nicht bereit: Sie reduzierte die Tarifdistanz für den Güterverkehr von zehn auf sieben Kilometer, was die Kritiker nur teilweise befriedigte. Der Basler Regierungsrat blieb seither hartnäckig bei der Sache. Ab 1910, als der Bau eines Rheinhafens auf dem rechten Ufer im Gespräch war, kam er darauf zurück. «Die Klagen über die Unerträglichkeit dieser Taxen sind in der Kleinbasler Geschäftswelt, der sich deswegen eine grosse Missstimmung bemächtigt hat, keineswegs verstummt.»[89] Dem schloss sich auch die Basler Handelskammer an. Die Badischen Bahnen, die bei allen Tariffragen gleichberechtigt mit zu entscheiden hatten, seien einer Revision keineswegs grundsätzlich abgeneigt, hiess es erneut.

Tarifpolitik – unter Ausschluss der Öffentlichkeit

Ein internes Gutachten der SBB von 1911 verdeutlicht, wie kompliziert sich die Frage aus deren Sicht verhielt. Was die Klagen der Kleinbasler über Benachteiligung betraf, hielt das Gutachten entgegen: «Die beklagte Inferiorität der Kleinbasler Stadtseite im Verkehr mit der Zentral- und Westschweiz ist in der Natur der Sache begründet. Da Kleinbasel von der Zentral- und Westschweiz weiter entfernt liegt und die Bahn für längere Strecken benützt, so hat es selbstverständlich auch höhere Bahnfrachten zu bezahlen. Umgekehrt ist auch Grossbasel in der Richtung nach Baden um die Verbindungsbahnfrachten mehr belastet.»[90] Damit war allerdings der spezielle Distanzzuschlag noch nicht angesprochen. Dieser war ohne Zutun der SBB entstanden und stellte ein Erbe der Übereinkunft von 1869 und der seitherigen

91   KUNTZEMÜLLER (1953), S. 82 ff.

92   Wie Anmerkung 90, S. 6

93   Ebd., S. 6 f.

94   Ebd., S. 6

95   Archiv SBB Historic, SBB 57, Bd. 6,
      Tarifverhältnisse 1902–1911;
      Post- und Eisenbahndepartement
      an Generaldirektion SBB,
      19. Dezember 1911

96   Archiv SBB Historic, SBB 57, Bd. 6,
      Tarifneuordnung 1911–1913;
      Badische Staatseisenbahn an
      Generaldirektion SBB, 20. März 1912

97   Wie Anmerkung 90, S. 7

98   Basler Nachrichten, Nr. 212,
      6. August 1912

Praxis dar. Es hatte sich allerdings ergeben, dass nur ein Teil der Bahnkunden tatsächlich diesen Tarif zu zahlen hatte. Die Badischen Bahnen hatten die Tarifdifferenz für Züge, die auf ihrem Netz nach Süden fuhren, vielfach zu eigenen Lasten übernommen, um keinen Nachteil gegenüber der linksrheinischen Route Ludwigshafen–Basel durch das damals deutsche Elsass zu erleiden, wo sie seit 1871 in scharfer Konkurrenz mit den Reichseisenbahnen standen.[91]

«[Die Badische Bahn] verfährt damit also in ähnlicher Weise wie vor dem Bau der V. B., wo sie die Cammionagegebühren zu ihren Lasten übernommen hat. Diese Massnahme wurde diktiert durch ihre Stellung im Wettbewerb mit solchen Verbindungen, in welchen die Frachtsätze der rechtsrheinischen Route gegenüber der linksrheinischen Route gerade um die V. B.-Frachtanteile sich teurer stellten. [...] Der Verkehr zahlt also in diesen Gebieten auf der Verbindungsbahn nichts. Diese wird aber von der Badischen Bahn [...] mit den vollen Taxen schadlos gehalten. Die SBB beziehen [...] davon 2/3.»[92]

Im Gegenzug trugen die SBB (bzw. bis 1901 die Centralbahn) auf der Bötzberglinie in die Ostschweiz die Verbindungsbahntaxe selbst, um nicht angesichts der Alternative via Waldshut, Schaffhausen, Konstanz ins Hintertreffen gegenüber den Badischen Bahnen zu geraten. Real belastet wurde allein der Verkehr vom Badischen Bahnhof in die Zentral- und Westschweiz. «Dieser Verkehr ist im Verhältnis zum gesamten Verkehr via Verbindungsbahn so gering, dass den SBB nicht zugemutet werden kann, seinetwegen eine Frachteinnahme von mindestens Fr. 200 000 zu Gunsten der Badischen Staatsbahn zu opfern.»[93] Die Haupteinnahme der Verbindungsbahn entstammte nämlich dem aus dem Norden kommenden Verkehr. Käme man den Forderungen der Basler nach Mässigung des Tarifs entgegen, lautete das zentrale Argument, «so wäre diese Summe ein Geschenk an die badische Bahn».[94]

Eine genaue Durchrechnung dieser Verhältnisse, in denen die beiden Bahngesellschaften zwar einen Spezialtarif auf der Verbindungsbahn anwandten, sich diese kleine Monopolrente aber durch partielle Begünstigung eines Teils der Kundschaft wieder gegenseitig beschnitten, liegt nicht vor. Sie kann auch heute mangels der nötigen Daten nicht mehr durchgeführt werden. Eines wird aber klar: Die Verbindungsbahn war nicht ganz so profitabel, wie das auf den ersten Blick scheinen mochte. Nach aussen war diese Merkwürdigkeit allerdings schlecht zu kommunizieren. Das zuständige Bundesdepartement in Bern mochte denn auch der Argumentation der SBB nicht folgen, umso mehr, als im September 1911 ein Basler Nationalrat die Angelegenheit im Parlament zur Sprache brachte. Es könne «den Beschwerden der Basler Bevölkerung eine gewisse Berechtigung nicht abgesprochen werden», beschied das Post- und Eisenbahndepartement der Generaldirektion der SBB.[95] Ganz ähnlich argumentierten die Badischen Staatsbahnen, die nach eigener Angabe ebenfalls «schon häufig Beschwerden über die hohen Frachtsätze der Basler Verbindungsbahn» erhalten hatten. Eine Ermässigung werde nicht nur Kleinbasel, sondern ganz allgemein dem «Warenaustausch zwischen den benachbarten badischen und schweizerischen Gebieten» zugute kommen.[96] Vergebens protestierte die Verwaltung der Bundesbahnen: «Die anscheinend freundliche Haltung der Badischen Staatsbahn

in dieser Angelegenheit ist [...] leicht begreiflich; sie geht ja auf Kosten der SBB.»[97]

Ende 1912 verpflichtete der Bundesrat die SBB zur Reduzierung des Tarifs. Die darauf folgende Neuordnung kam den Anliegen der Basler Regierung und Wirtschaft entgegen, schlug sich aber in der Betriebsrechnung sichtbar nieder: von 1912 auf 1913 gingen die Einnahmen der Verbindungsbahn um ein Viertel zurück, obwohl Güter- und Personenverkehr weiterhin kräftig zunahmen. Die Kleinbasler Klagen, man werde «durch die SBB als Ausland behandelt», sollten allerdings auch in Zukunft nicht verstummen.[98] Sie dürften zum Teil Ursachen gehabt haben, die mit der Tarifpolitik der Verbindungsbahn wenig Zusammenhang aufwiesen und eher in der Empfindlichkeit eines traditionell als ‹minder› betrachteten Stadtteils zu suchen waren.

Der grosse Umbau – und noch grössere Pläne

Die einschneidendste Veränderung der Verbindungsbahn vor dem Ersten Weltkrieg erfolgte nicht auf dem Gebiet der Tarifpolitik. Sie betraf vielmehr die 1873 geschaffene bauliche Grundlage, die um die Jahrhundertwende in Diskussion geriet. Dies geschah in Verbindung mit den langwierigen, schon 1892 einsetzenden Verhandlungen zur Verlegung des Badischen Bahnhofs, da der Bahnhof am alten Standort zu wenig Expansionsraum zur Verfügung hatte und immer stärker mit der wachsenden Stadt kollidierte. So wurde erstmals die gesamte bestehende Anlage in Frage gestellt.

99   Basler Nachrichten, Nr. 447,
      25. September 1913

100   Archiv SBB Historic, SBB 6, Bd. 7,
      Projektvorlagen 1902–1927; Central-
      bahn an Generaldirektion SBB,
      22. November 1901

101   Ebd.; Badische Staatsbahn an
      Generaldirektion SBB,
      29. Januar 1908

102   Ebd.; Oberbetriebschef an
      III. Departement, 21. April 1908

103   Ebd.; Badische Staatsbahn an
      Generaldirektion SBB,
      3. November 1913

Die Idee einer zweiten Verbindungsbahn fand zeitweise Lieb-
haber, die das aussichtslose Anliegen hartnäckig in die Öffentlichkeit
trugen: Diese sollte, wie schon früher einmal in Erwägung gezogen,
gemäss einiger Pläne unterhalb des Stadtzentrums, nämlich als
Anschluss der geplanten neuen Hafenanlage zwischen den Stadtteilen
St. Johann und Klybeck, gemäss anderer Pläne oberhalb der existieren-
den Verbindung erstellt werden. Es war vor allem der Ingenieur
W. Hetzel, der über Jahre solche Ideen propagierte, die als Eingaben
bei den Behörden landeten beziehungsweise als Einsendungen in der
Basler Presse erschienen. Wäre es nicht aus Gründen der Stadt-
entwicklung wünschenswert gewesen, die Eisenbahn überhaupt stadtauswärts zu verlegen und die bestehende Brücke für den Strassen-
verkehr umzubauen? Die Behörden winkten ab, und die SBB mochten
schon gar nichts von einem Radikalumbau wissen, der enorme Kosten
verursachen musste. Konkret wurde immerhin der Neubau des
Badischen Bahnhofs, den ein Vertrag von 1900 regelte. Er sollte weiter
stadtauswärts errichtet werden, was in der praktischen Ausführung
allerdings bedeutend länger dauerte als angenommen. Dies erzwang
zwar nicht eine Verlegung der Brücke, aber doch der nördlichen
Zufahrt: Als der neue Badische Bahnhof im September 1913 endlich
eröffnet werden konnte, verkürzte sich die Verbindungsbahn um
mehrere hundert Meter. Die nördliche Zufahrt zur Brücke verlief nun
geradeaus, von der Brücke aus waren die Bahnhofshallen bereits
sichtbar.

Prächtig sei der neue Bahnhof, konstatierte eine Korrespondenz
in den Basler Nachrichten vom September 1913. «Eine Verkehrszu-

nahme darf zweifellos erwartet werden, denn vielfache Erfahrungen haben bewiesen, dass jede Verkehrsverbesserung automatisch den Verkehr fördert, die Güter gleichsam ansaugt, und diese Wirkung wird sich gewiss auch beim neuen badischen Bahnhof einstellen.» Einen Schönheitsfehler weise das Bild allerdings auf. «Nur nach einer Seite, nach Süden, ist der Anschluss mangelhaft und unerfreulich; es betrifft dies die sog. Verbindungsbahn nach dem Basler Bundesbahnhof, eine der wichtigsten Zufahrtslinien für das schweizerische Bahnnetz.»[99] Der Ausbau auf Doppelspur war schon 1901 vom Berner Eisenbahndepartement zur Sprache gebracht worden. Die Centralbahn räumte ein, «dass es rationell wäre, während der Bahnhofumbauperiode den Unterbau für die zweite Spur der Verbindungsbahn zu erstellen, weil derselbe bei dieser Gelegenheit verhältnismässig billig zu machen wäre». Allerdings mochte die Direktion zu diesem Zeitpunkt «das Bedürfnis eines zweiten Geleises für diese Linie noch nicht absehen».[100] Der erste konkrete Vorstoss kam 1908 von den Badischen Bahnen: «Die Belegung der Verbindungsbahn in Basel hat von 1902 bis 1907 um nahezu 50 Prozent zugenommen und wird im kommenden Sommerdienst voraussichtlich die Höhe von 48 Zügen in 19 Stunden erreichen, eine Dichtigkeit, welche die von uns in neuerer Zeit angenommene ungefähre Grenze für die geordnete und gesicherte Betriebsführung auf eingleisiger Bahn (36 Züge in 24 Stunden) annähernd um 50 Prozent übersteigt.»[101] Angesichts der Schwierigkeiten, den Fahrplan einzuhalten, sei die Zeit gekommen, den schon in der Übereinkunft von 1869 in Aussicht genommenen Ausbau in die Hand zu nehmen. Dem pflichteten die zuständigen Stellen der SBB bei. «Bei verspätetem

Verkehr der Anschlusszüge und auch bei Ausführung von Extrazügen gerät der Fahrplan auf der Verbindungsbahn sehr oft ausser Rand und Band.»[102] Bis ein konkreter Projektplan vorlag, vergingen allerdings fünf Jahre, die Konzentration der Anstrengungen auf den Bau des neuen Badischen Bahnhofs mag eine Rolle gespielt haben. Man war sich einig, dass nur ein kompletter Neubau der Brücke Sinn machte. Die Badener schlugen abweichend von den SBB-Plänen statt einer doppelgleisigen Brücke die Errichtung zweier eingleisiger Brücken unmittelbar nebeneinander vor, was ein schrittweises Vorgehen erlaubt hätte: Erst nach Fertigstellung der ersten Hälfte der neuen Brücke wäre mit dem Abbruch der alten begonnen worden.[103]

Parallel zu diesen Verhandlungen schaltete sich Basel in den Planungsprozess ein. Die Stadt störte sich daran, dass während der Bauarbeiten am Badischen Bahnhof und trotz Zunahme des Verkehrs noch nichts unternommen worden war. Vor allem wünschte man eine Höherlegung der Brücke, um der erwarteten weiteren Expansion der Rheinschifffahrt mehr Spielraum zu gewähren. Allerdings hätte dies einen Umbau der gesamten Zufahrten nach sich gezogen, was, worauf die SBB aufmerksam machten, sehr viel teurer kommen musste. Noch war nichts Definitives entschieden, da brachte der europäische Krieg im August 1914 alle Planungen zum Stillstand.

Schweizer. Centralbahn.
Bau-Ausschreibung.

Die Ausführung **zweier Bahnwärterhäuser** für die „Verbindungsbahn," veranschlagt zu **Fr. 15,400,** soll auf dem Wege der öffentlichen Submission vergeben werden.

Die der Ausführung zu Grunde gelegten Bedingungen und Voranschläge können auf dem Bureau des Unterzeichneten eingesehen werden.

Uebernahms-Offerten sind bis den **7. April 1873** mit der Aufschrift „Angebot für Bahnwärterhäuser" versehen, versiegelt dem **Direktorium der schweizerischen Centralbahn in Basel** einzusenden.

Basel, den 23. März 1873.   [2508]

Der Oberingenieur der schweiz. Centralbahn:
Buri.

Schweiz. Centralbahn.

Bau-Ausschreibung.

Die **Erhöhung der Stationsgebäude** in Muttenz, Lausen, Sommerau, Läufelfingen, Dänikon, Reiden, Dagmersellen, Nebikon, Nottwyl, Niederwyl, Inkwyl, Subigen, Selzach und Pieterlen um 1 Stockwerk, per Gebäude veranschlagt zu **7,500 Fr.,** sollen auf dem Wege der öffentlichen Submission vergeben werden.   [2507]

Die der Ausführung zu Grunde gelegten Bedingungen, Voranschlag und Pläne, können auf den **Bureaux der Bahn-Ingenieure in Basel, Luzern und Bern** eingesehen werden.

Angebote auf einzelne oder mehrere Stationen sind bis zum **7. April 1873** mit der Aufschrift: „**Angebot für Erhöhung der Stationsgebäude III. Klasse**" versehen, versiegelt dem **Direktorium der schweizerischen Centralbahn in Basel** einzusenden.

Basel, den 23. März 1873.

Der Ober-Ingenieur der schweiz. Centralbahn:
Buri.

Provisorischer Fahrplan
für die Verbindungsbahn der beiden Bahnhöfe in Basel
vom 3. November 1873 an.

Centralbahnhof: ab 5. 16. 9. 06. 10. 16. 1. 36. 3. 11. 4. 46. 5. 21. 6. 01. 8. 06.

Badischer Bahnhof: an 5. 30. 9. 20. 10. 30. 1. 50. 3. 25. 5. —. 5. 35. 6. 15. 8. 20.

Badischer Bahnhof: ab 6. —. 9. 35. 10. 40. 2. —. 4. 05. 5. 10. 5. 45. 7. 15. 8. 55.

Centralbahnhof: an 6. 06. 9. 41. 10. 46. 2. 06. 4. 11. 5. 16. 5. 51. 7. 21. 9. 01.

NB. Abgangs- und Ankunftszeiten auf dem Badischen Bahnhofe sind nach Carlsruher Uhr angegeben, welche der Schweizer-Uhr 4 Minuten vorgeht.   [9320]

Basel, 31. October 1873.

Directorium der Schweiz. Centralbahn.

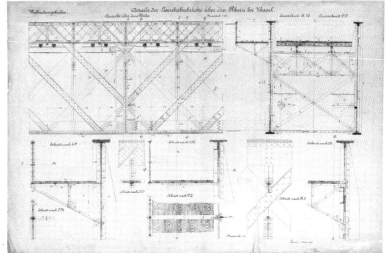

Aquarellierte Bauzeichnung der Brücke
von 1869 (Ausschnitt).

Konstruktionsplan der Brücke von 1871
mit der zeittypischen Fachwerkbalken-
konstruktion.

Dröhnend naht der Zug, links daneben
der schmale Steg für Fussgänger.
Um 1910, Fotograf unbekannt.

Blick auf die Verbindungsbahnbrücke
vom Birsköpfli aus (rechte Seite).
Um 1950, Walter Höflinger.

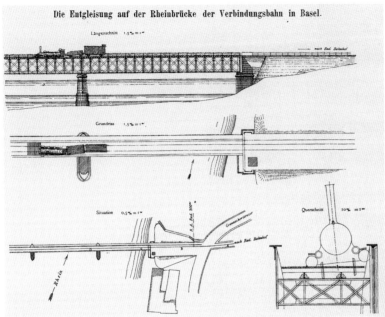

Die Entgleisung auf der Rheinbrücke der Verbindungsbahn in Basel.

Planskizze des Unglücks auf der Verbindungsbahn im Jahr 1880: Die Entgleisung
einer Lokomotive endete beinahe mit
einem Sturz in den Fluss.

Blick über die Brücke, im Hintergrund die
alte Gastwirtschaft Rheinburg.
1953, Lothar Jeck.

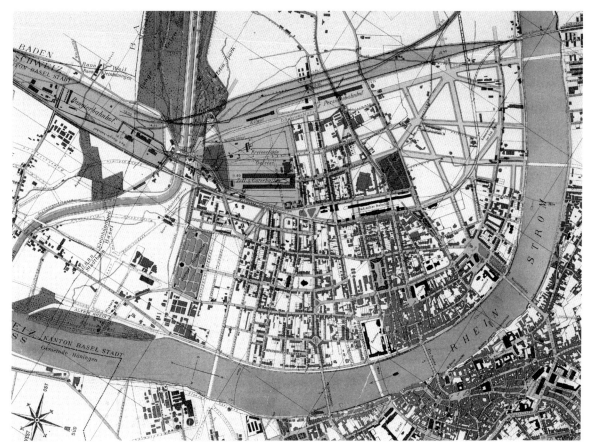

Der Basler Stadtplan von 1900 zeigt den geplanten neuen und den bestehenden alten Badischen Bahnhof sowie die verkürzte Zufahrt zur Brücke der Verbindungsbahn. Der grosse Umbau war erst 1913 abgeschlossen.

Der provisorisch wirkende Fussgänger-
übergang am nördlichen Brückenkopf,
neben der Rheinburg, gehörte lange
zu den charakteristischen Installationen
der Verbindungsbahn. Undatierte
Aufnahmen, Fotografen unbekannt.

Von der Brücke her kommend ist der Badische Bahnhof mit seinen Einfahrtsgleisen sichtbar. Die alten Hallen wurden 1981 abgerissen. 1948 (links), undatierte Aufnahme (rechts), Fotografen unbekannt.

Durch Krieg und Krisen 1914–1946

Der Erste Weltkrieg stellte eine tief greifende Wende in der Weltpolitik und in der kleinen Geschichte der Basler Verbindungsbahn dar. Als Anfang August 1914 der Badische Bahnhof für den zivilen Personenverkehr geschlossen wurde, meinte nahezu alle Welt, einen kurzen Krieg vor sich zu haben. Dies erwies sich als schwerwiegender Irrtum. Der Verkehr auf der Verbindungsbahn sank auf Tiefstwerte, auch über den Krieg hinaus setzte eine jahrzehntelang dauernde Zeit der Instabilität ein, die in denkbar scharfem Kontrast zu der dreissigjährigen Aufwärtsbewegung von 1882 bis 1913 stand. Die Zahlen des Personen- und Güterverkehrs auf der Verbindungsbahn wiesen Schwankungen von nie gekannter Heftigkeit auf. Während sich bis dahin nur die gewöhnlichen Konjunkturveränderungen auf die Verbindungsbahn auswirkten, wurde nun die Politik zum massgeblichen Faktor.

Der Ausbruch des Ersten Weltkriegs

Am 31. Juli 1914 um 15 Uhr traf die Nachricht über den drohenden europäischen Krieg im Badischen Bahnhof ein. Der gesamte Zugverkehr aus der Schweiz und in die Schweiz war bereits eine knappe Stunde später eingestellt, alle deutschen Wagen und Lokomotiven gingen nach Deutschland zurück. Am 2. August besetzte Schweizer Militär den Bahnhof, die Verbindungsbahn unterstand fortan militärischem Kommando und verkehrte nach Militärfahrplan.[104] Der Güterverkehr wurde den ganzen Krieg hindurch eingeschränkt fortgesetzt. Der Personenverkehr aber kam, abgesehen vom militärischen Dienstverkehr, zum Stillstand. Der Krieg setzte der individuellen

104 Angaben nach KUNTZEMÜLLER (1950), S. 62 ff.

105   Staatsarchiv Basel-Stadt, J 1, Eisen-
      bahn-Akten, Verbindungsbahn;
      Oberleutnant Binder an Polizei-
      inspektor Müller, 12. Juni 1915

106   Archiv SBB Historic, SBB 57, Bd. 6,
      Korrespondenzen mit der Basler
      Verbindungsbahn; Besprechung
      in Basel betr. Änderung des
      Betriebsvertrags, 25. Juni 1920, S. 9

107   Ebd., S. 11

108   Ebd., S. 3

Freizügigkeit unmittelbar ein Ende, wohingegen die Nachfrage nach Güterverkehr konstant blieb, während des Zweiten Weltkriegs sollte letztere sogar ganz ausserordentliche Dimensionen erreichen.

Auf eigenartige Weise kehrte man ab 1914 für fünf Jahre in den Zustand vor dem Bau der Verbindungsbahn zurück: Reisende in die Schweiz stiegen in Weil aus und hatten sich mit Verkehrsmitteln aller Art zum Zoll Otterbach und von dort zum Bahnhof SBB zu bewegen, um ihre Weiterreise anzutreten. Aufeinander abgestimmte Fahrpläne gab es nicht mehr, denn die Dauer des Grenzübertritts war unberechenbar geworden. Von noch unmittelbareren Einwirkungen des Krieges blieb der Basler Transit verschont, obwohl für mehr als vier Jahren der Kanonendonner aus dem Sundgau zum Alltag gehörte. Die Schweizer Militärführung allerdings hatte bei Kriegsbeginn mit dem Schlimmsten gerechnet, die Brücke zur Sprengung vorbereitet und den zivilen Personenverkehr auf dem Fussgängersteg unterbunden.

Der Krieg dauerte schon beinahe ein Jahr, als Anwohnern und Geschäftsleuten nahe den beiden Brückenköpfen der Geduldsfaden riss. In einer Eingabe wandten sie sich an den Regierungsrat, um eine Wiederherstellung ihrer Bewegungsfreiheit zu erreichen. Ein Oberleutnant hielt im Juni 1915 die Lage fest. «Bekanntlich sind die Sprengkammern der Verbindungsbahnbrücke bei der Mobilmachung der Schweizer Armee am 1. August 1914 mit denjenigen der anderen Brücken in Basel geladen worden», rapportierte der Offizier, der allerdings keinen plausiblen Grund für die militärischen Massnahmen zu nennen wusste. «Die Kammern der Johanniter-, Mittleren- und Wettsteinbrücke sind seither entladen worden, diejenigen der Verbindungsbahnbrücke dagegen nicht; die Brücke ist noch militärisch bewacht. Die Gründe, die die Militärbehörde veranlasst haben, die Verbindungs- bahnbrücke immer noch geladen zu lassen, werden wohl erwogen sein. Dass eine geladene Brücke Gefahren in sich birgt, braucht nicht näher erwähnt zu werden; dies war auch der Grund, warum das Divi- sionskommando das Passieren [...] anfänglich ganz untersagte.»[105] Beschwerden von Fabrikherren, «deren Arbeiter auf das tägliche Passieren der Brücke angewiesen waren», hatten zunächst nur geringe Erleichterungen gebracht. Morgens, mittags und abends durfte die Brücke jeweils unter Aufsicht benutzt werden. Wenig später wurde der Steg jedoch wieder uneingeschränkt freigegeben.

Der Vertrag wird erstmals in Frage gestellt

Erst ein Dreivierteljahr nach dem Waffenstillstand vom Novem- ber 1918 nahmen der Badische Bahnhof und die Verbindungsbahn im September 1919 den regulären Betrieb wieder auf, nach langwieri- gen Verhandlungen über die zukünftige Pass- und Zollkontrolle. Wenige Monate später erschien eine hochkarätig besetzte Delegation der Badischen Staatsbahnen in Basel. Erstmals wünschten die Badener eine grundsätzliche Änderung der vertraglichen Abmachun- gen. Die Verbindungsbahn als binationales Gemeinschaftsunter- nehmen sowie der Badische Bahnhof als deutsche Anlage auf Schwei- zer Territorium gerieten in Gefahr; Sinn und Nutzen des bisher gut funktionierenden Arrangements wurden in Frage gestellt. Dies geschah übrigens zwei Mal, jeweils im Anschluss an einen Krieg: Erstmals

1920, dann wiederum 1944 bis 1946. Nach dem Ersten Weltkrieg kam es zu Verhandlungen, ab 1944 hingegen waren rein schweizerische Überlegungen im Spiel, da die deutschen Partner infolge des Kriegs- ausgangs ihre Handlungsfähigkeit verloren hatten.

1920 verlangte die Delegation der Badischen Staatsbahnen, dass der Arbeitsaufwand am Badischen Bahnhof in die Betriebsrechnung der Verbindungsbahn mit einbezogen würde. «Die Leistungen für die Verbindungsbahn seien jedenfalls im badischen Bahnhof grösser als im Bundesbahnhofe. Aber selbst bei gleichen Leistungen wäre es unbillig, dass Baden die Hälfte der Leistungen, aber nur 1/3 der Ein- nahmen hätte.»[106] So Staatsrat Julius Schulz, letzter Generaldirektor der Badischen Staatsbahnen vor deren Übergang in den Besitz des Reichs. Der Verkehr von Norden her sei viel grösser als in der Gegen- richtung, so «dass die Abfertigung des Verkehrs nach der Schweiz einen grösseren Aufwand verursache als die Zusammenstellung der meist aus leeren Wagen bestehenden Züge in Basel SBB».[107]

In Reaktion auf den Vorstoss entbrannte eine Diskussion über den Charakter der Verbindungsbahn, über ihre Entstehung und über die beiderseitige Interessenlage. Die deutsche Seite beharrte darauf, 1869 habe eine vollständig andere Situation bestanden als in der Gegenwart, so dass nun eine Anpassung nötig sei. «Damals habe das Hauptinteresse für die Verbindungsbahn bei der Zentralbahn und der Basler Bevölkerung gelegen, für die es sich um die Herstellung einer Verbindung zweier Basler Bahnhöfe gehandelt habe. Mit der späteren grossen Bedeutung dieser Verbindungsbahn als Bindeglied zweier Bahnnetze habe damals noch nicht gerechnet werden können.»[108]

109   Ebd., S. 5

110   KUNTZEMÜLLER (1953), S. 145

111   RITZMANN, S. 774

112   Wie Anmerkung 106, S. 12

113   Ebd., S. 12

114   Archiv SBB Historic, SBB 57, Bd. 6,
        Korrespondenzen mit der Basler
        Verbindungsbahn; Stellungnahme
        zur vorgeschlagenen Tariferhöhung,
        7. Juli 1920

115   Ebd.; Regierungsrat Basel an Eisen-
        bahndepartement, 13. August 1920

116   KLEUBLER, S. 22 ff.; KUNTZEMÜLLER
        (1953), S. 151

117   Die Gutachten von Fritz Fleiner,
        10. Juli 1922, und Walter Burckhardt,
        5. Juli 1921, finden sich im Schweize-
        rischen Bundesarchiv E 8105 (-),
        1976/118, Bd. 29, Studien betr. Rück-
        kauf des Badischen Bahnhofs und
        der deutschen Bahnstrecken auf
        Schweizer Gebiet, 1901–1953

118   Generallandesarchiv Karlsruhe,
        421 Zug. 1993–90, Nr. 1458, Staats-
        verträge mit der Schweiz 1852–1951;
        Rückkauf der Bahnstrecken auf
        Schweizergebiet durch die Schweiz,
        25. November 1920, S. 5

Dem hielten die Schweizer entgegen, die Verbindung sei ganz im Gegenteil vor allem für Deutschland nötig gewesen. Und die internationale Dimension habe man von Anfang an im Auge gehabt – was durchaus zutraf. «Die Verhältnisse hätten sich nur insoweit geändert, als der Verkehr zugenommen habe.»[109]

Beide Seiten standen zu dieser Zeit unter schwerstem finanziellen Druck, da der unwirtschaftliche Betrieb der Kriegsjahre enorme Verluste nach sich gezogen hatte. Noch vor dem Übergang an die Deutsche Reichsbahn verloren die Badischen Staatsbahnen 1919 rund ein Viertel ihres Bestands an Güterwagen und 10 Prozent der Lokomotiven, die als Reparationsleistung nach Frankreich gingen.[110] Die SBB schrieben 1914 bis 1922 rote Zahlen.[111] Ihre Vertreter waren sich vollständig im Klaren über die Konsequenzen, die es gehabt hätte, «wenn man alle diese Kosten auf die Verbindungsbahn abwälzen wolle. Das gäbe für diese ein gewaltiges Defizit.»[112] Dieses aber wäre vertragsgemäss zu zwei Dritteln zu Lasten der SBB gegangen. An der Bestimmung, dass jede Partei die Bahnhofsleistungen auf ihrer Seite selbst erbrachte, hielt man eisern fest, da diese zum eigenen Vorteil ausfiel. Eine Einigung war nicht zu erzielen, so dass Staatsrat Julius Schulz schliesslich die Grundsatzfrage aufwarf, «ob die Schweiz die Verbindungsbahn nicht als rein schweizerische Bahn übernehmen möchte. Das wäre wohl an sich die richtigste Lösung», anstatt Kosten auf Baden abzuwälzen, die auf einem schweizerischen Bahnstück entstünden.[113]

Wenige Tage nachdem die Badener unverrichteter Dinge abgereist waren, traf die Forderung nach einer wesentlichen Erhöhung der Tarife aus Karlsruhe ein. Dies war offenbar als eine Teillösung gedacht, um die Finanzlage zu verbessern. Dem konnten sich die Schweizer weit schlechter entziehen, «wie sehr auch baslerische Sonderinteressen dagegen sprechen mögen».[114] Zur Tarifrevision mochte das Eisenbahndepartement in Bern in der Tat erst grünes Licht erteilen, nachdem Basel konsultiert worden war. Dort erklärte man die Verbindungsbahn unumwunden für ein Relikt der Vergangenheit:

«Das bestehende komplizierte Rechtsverhältnis in Bezug auf die Verbindungsbahn muss als sehr unerfreulich und unnatürlich bezeichnet werden und erklärt sich eben nur historisch. Der Einfluss der ausländischen Bahnverwaltung auf dieser Strecke sollte womöglich ausgeschaltet werden, dies ist aber nur dadurch möglich, dass der badische Anteil gemäss Art. 8 der Übereinkunft vom 28. November zurückgekauft wird. Diese Frage drängt sich zur Zeit besonders auch deshalb auf, weil sich bei der Erstellung des zweiten Geleises Schwierigkeiten ergeben und jetzt ein Rückkauf wegen der schwierigen finanziellen Lage der deutschen Bahnen leichter vollzogen werden könnte als später, wenn Deutschland wieder als Macht auftreten kann.»[115]

Basel und Schaffhausen hatten in der Tat in jenem Jahr beim Eisenbahndepartement in Bern vorgeschlagen, die gesamten badischen Anlagen in der Schweiz zurückzukaufen.[116] Einerseits weckte der Übergang der Badischen Staatsbahnen in die Deutsche Reichsbahn im Juni 1920 ungute Gefühle. Man fürchtete, nun einem sehr viel mächtigeren – und weiter entfernten – Partner gegenüberzustehen, Berlin

statt Karlsruhe. Anderseits aber schien die Gelegenheit günstig, einige Änderungen an den bestehenden Vereinbarungen anzustreben, auch wenn diese mit dem administrativen Wechsel auf der deutschen Seite gar nichts zu tun hatten. Ein vom Bundesrat eingefordertes Rechtsgutachten legte allerdings unmissverständlich dar, dass man der Deutschen Reichsbahn die Nachfolge nicht gut verweigern konnte. Schliesslich hatte auch die deutsche Seite anstandslos den Übergang von der Centralbahn zu den SBB akzeptiert. Daran konnte auch ein von Basel beim prominenten Zürcher Juristen Fritz Fleiner bestelltes Gutachten nichts ändern.[117] Auf badischer Seite nahm man die schweizerischen Vorstösse recht gelassen zur Kenntnis. Interne Überlegungen gingen davon aus, dass nach einem Rückkauf des Badischen Bahnhofs und der übrigen deutschen Bahnanlagen in der Schweiz auch die Verbindungsbahn an die SBB gehen würde. «Im Ganzen kann gesagt werden, dass erhebliche Bedenken tarifpolitischer Art gegen den Rückkauf abgesehen von der Schwächung unserer Stellung infolge des Wegfalles unseres direkten Anschlusses an Basel und Schaffhausen nicht bestehen.»[118]

In der Realität sollte sich weit weniger ändern, als dies zeitweise den Anschein machte. An Stelle der Direktion der Badischen Staatsbahnen in Karlsruhe trat die Reichsbahndirektion Karlsruhe; im Wesentlichen hatte man es mit denselben Partnern zu tun wie zuvor. Angesichts der wirtschaftlichen Lage der SBB war der Ruf nach einem ‹Rückkauf› ziemlich unrealistisch, ganz abgesehen davon, dass er auf einem Irrtum beruhte, was die Verbindungsbahn betraf. Den Badischen Bahnhof oder die deutschen Bahnstrecken in der Schweiz

119 Ebd.; Gutachten Dr.Zehnter, 2.April
     1921, S.3

120 KUNTZEMÜLLER (1953), S.146f.

121 BAUER, S.131

122 Archiv SBB Historic, SBB 6, Bd.7,
     Projektvorlagen 1902–1927;
     Regierungsrat Basel an Eisenbahn-
     departement, 29.Mai 1915

123 Archiv SBB Historic, SBB 6, Bd.7,
     Projektvorlagen 1902–1927;
     Verhandlungen in Basel,
     10.September 1919, S.3

124 Ebd., S.2f.

125 Staatsarchiv Basel-Stadt, J1, Eisen-
     bahn-Akten; Verkehrsverein Basel
     an Regierungsrat, 18.Januar 1922

126 KLEUBLER, S.11; SCHALLER, S.75ff.

127 SCHALLER, S.42

hätten die SBB nach Kündigung des Staatsvertrags von 1852 zurück-
kaufen können; die Verbindungsbahn hingegen befand sich bereits im
Besitz der SBB. Auch auf der deutschen Seite herrschten in dieser
Hinsicht irrtümliche Vorstellungen. Ein internes Rechtsgutachten behauptete 1921, dass die Übereinkunft von 1869 «nicht zwischen zwei
Staaten, sondern zwischen dem badischen Staat und einer privaten
Eisenbahnunternehmung abgeschlossen wurde», daher könne für sie
«auch nicht der Charakter eines völkerrechtlichen Vertrages in
Anspruch genommen werden».[119] Tatsächlich war die Übereinkunft
zwischen zwei Bahngesellschaften abgeschlossen worden, einer
staatlichen und einer privaten, bis die SBB 1901 die Rechtsnachfolge
der Schweizerischen Centralbahn antraten, so dass seither eine voll-
ständige Symmetrie der Vertragspartner bestand.

Wie eine Auflösung der Betriebsgemeinschaft konkret hätte von-
statten gehen können, blieb rechtlich ungeklärt. Die beteiligten
Bahngesellschaften hatten zudem andere Sorgen. Beide kämpften mit
dem Schuldenberg aus den Kriegsjahren, die Badischen Staatsbahnen
beziehungsweise die Deutsche Reichsbahn unterlagen zudem harten
Wellenschlägen der Politik. Im Jahr 1923 besetzten die Franzosen
Offenburg und unterbrachen die direkte Verbindung Mannheim–Basel.
Die Reichsbahn organisierte einen Umwegverkehr; auf der Basler
Verbindungsbahn sank der Personenverkehr in jenem Jahr um zwei
Drittel, der Güterverkehr um knapp 30 Prozent.[120] Dafür gewann
Waldshut vorübergehend jene grosse Bedeutung, die ihm Jahrzehnte
zuvor, noch während der Auseinandersetzungen um den Bau der
Verbindungsbahn, einmal zugesprochen worden war.

Ab 1924 beruhigte sich die politische wie auch die wirtschaftliche Lage. Das Interesse an einer Änderung der vertraglichen Vereinbarungen erlosch. Als die drängendsten Kriegsfolgen bewältigt waren, bestand kein Anlass mehr, den Status quo in Frage zu stellen.

Dauerdebatten um Ausbau und Umbau

Das Verhältnis zwischen Basel und den SBB blieb allerdings höchst störanfällig. Die kantonale Regierung hatte heftig gegen die Verlegung der Kreisdirektion II der SBB nach Luzern im Jahr 1920 protestiert; diese hatte sich zuvor im Gebäude der ehemaligen Centralbahnverwaltung befunden.[121] Basel war zudem enttäuscht, dass die vom Kanton gewünschte Vergrösserung der Brückendurchfahrtshöhe keine Gegenliebe fand: Dies werde «ein Hindernis für die freie Entwicklung der Schiffahrt nach dem Oberrhein bilden», beklagte sich der Regierungsrat.[122] Ausserdem bestand Unzufriedenheit über den weiterhin anstehenden Ausbau der Verbindungsbahn beziehungsweise der Rheinbrücke, der schon vor dem Krieg beschlossene Sache schien. Während der Kriegsjahre war das Projekt von schweizerischer Seite im Alleingang und in sehr gemächlichem Tempo weiterverfolgt worden. Als es im September 1919 zu einer Besprechung mit den Badenern kam, liessen diese keinen Zweifel daran, dass sie zurzeit an einem Ausbau nicht interessiert waren. «Jetzt müssten sie sparen.»[123] Mit einer Verkehrssteigerung sei vorläufig gar nicht zu rechnen und schliesslich habe der eingleisige Betrieb bisher auch genügt. Die Deutschen waren angesichts der Kriegsniederlage tief pessimistisch gestimmt. «Er frage sich, ob nicht die Verhältnisse zu schwarz geschildert würden», hielt SBB-Generaldirektor Otto Sand entgegen. «In Basel, wie überhaupt in der Schweiz, habe man nicht die Auffassung der Badischen Bahnen. Die Verhältnisse würden sich ohne Zweifel bessern.» Ein weiterer Direktor sekundierte: «In Basel seien die Bundesbahnen schon öfters schwer kritisiert worden, dass man die Verbindungsbahn nicht jetzt, in der verkehrsarmen Zeit ausbaue. Man erwarte hier im Gegenteil eine rasche und starke Verkehrsentwicklung.»[124] Eine Annäherung war nicht zu erzielen. Die SBB waren angesichts ihrer Finanzlage auch nicht zum Alleingang bereit. Da blieben verärgerte Kommentare in Basel über die «sinnlose und überlebte Verbindungsbahngemeinschaft» nicht aus, deren Einrichtungen «durchaus veraltet» seien. Sie gleiche eher einem «Huhn, das seinen Eigentümern SBB & Badische Bahn auf Kosten der Volkswirtschaft goldene Eier legt».[125]

Nicht weniger kompliziert verliefen die Verhandlungen um den Bahnanschluss des im Bau befindlichen neuen Basler Hafens auf dem rechten Rheinufer, in Kleinhüningen.[126] Die SBB hatten sich ursprünglich kategorisch gegen den Bau einer rechtsrheinischen Hafenanlage ausgesprochen, da sie eine Weiterleitung des Verkehrs in die Ostschweiz über das badische Bahnnetz am nördlichen Rheinufer befürchteten. Später insistierten sie auf dem Bau einer zweiten Eisenbahnbrücke. Die Bundesversammlung knüpfte die Subventionierung des Hafenbaus in Kleinhüningen 1919 an die Bedingung, dass der Kanton die geplante Dreirosenbrücke für die Bahn ausbaue, um einen Anschluss an den Bahnhof St. Johann zu gewährleisten.[127] Die Dreirosenbrücke blieb bis in die 1930er Jahre ungebaut; am Badischen

Bahnhof führte kein Weg vorbei, sollte der Hafen ans schweizerische Bahnnetz angeschlossen werden. Die Reichsbahn aber verlangte eine Kompensation für die zusätzliche Beanspruchung ihrer Anlagen. Zudem stand zu erwarten, dass der zukünftige Verkehr ebenfalls mit dem Tarif der Verbindungsbahn belastet werden würde. 1923 nahm der neue, im Eigentum des Kantons befindliche Hafen den Betrieb auf. Basel insistierte auf einer Gleichstellung seiner Rheinhäfen auf den beiden Ufern. Dies hatte zur Folge, dass die jeweiligen Hafenbenutzer für den Weitertransport von Kleinhüningen über die Verbindungsbahn nichts zahlten, wofür die Verbindungsbahn in einem komplizierten Teilungsverhältnis vom Kanton als Hafenbesitzer sowie von den SBB entschädigt werden musste. Die Zahlungen belasteten die Hafenrechnung erheblich. Eine Lösung dieser komplexen Probleme nahm Jahre in Anspruch, ohne dass die Unzufriedenheit in Basel je ganz behoben worden wäre.

So wiederholten sich in schöner Regelmässigkeit die Vorwürfe einer gezielten Benachteiligung der Stadt, die sich bisweilen zu grotesk überspitzten Anklagen steigerten. «Es ist auf den Brückenzoll zurückzuführen, dass Kleinbasel stagniert und infolgedessen die letzten Volkszählungen einen Bevölkerungsrückgang ausgewiesen haben», behauptete die National-Zeitung 1925.[128] Da half es wenig, wenn die SBB darauf hinwiesen, dass seit der Tarifanpassung von 1926 die Taxe erneut reduziert worden sei und faktisch kaum über dem Vorkriegsniveau liege. Die Kritik erwuchs offensichtlich aus alten Empfindlichkeiten, die sich seit 1914 noch gesteigert hatten. Es ging um weit mehr als um ein Problem von Kleinbasel. Bedingt durch die

128 National-Zeitung, 23. Juli 1925

129 KUNTZEMÜLLER (1953), S. 158f.

weltpolitischen Ereignisse des Ersten Weltkriegs war Basel von einer Drehscheibenposition in eine Randlage an einer zeitweilig gesperrten Grenze geraten. Die Phasen der wirtschaftlichen Erholung und erneuten Öffnung der Grenzen blieben zu kurz, als dass eine wirkliche Entspannung hätte eintreten können. Die Tarifpolitik der Verbindungsbahn war und blieb der Sündenbock für Probleme, die mit der Bahn als solcher wenig zu tun hatten.

Von der Hochkonjunktur der 1920er Jahre zur Krise

Der konjunkturelle Aufschwung in der zweiten Hälfte der 1920er Jahre und der durch den Kleinhüninger Hafen einsetzende zusätzliche Verkehr über die Verbindungsbahn führte immerhin zu einem bedeutsamen Umbau an der kurzen Linie. Im April 1927 wurde 800 Meter südlich vom linken Rheinufer die Signalstation Gellert in Betrieb genommen sowie die von hier abzweigende Güterzuglinie zum neuen Rangierbahnhof Muttenz. Dieses einspurige Gleis erleichterte den Betrieb erheblich: Künftig mussten die von Norden kommenden Güterzüge nicht zuerst in den Bahnhof SBB fahren, um dort in einer Spitzkehre zu wenden, wollten sie weiter in die Schweiz fahren.

Kurz aber intensiv war auch die Hochkonjunktur des internationalen Reisens in diesen Jahren. Nur zwei Jahre nach dem katastrophalen Jahr 1923 hatte 1925 der Personenverkehr auf der Verbindungsbahn erstmals den Vorkriegsrekord von 1913 übertroffen. Von 1928 bis 1930 befuhren jährlich mehr als eine halbe Million Menschen die Rheinbrücke. Seit dem Mai 1928 verkehrte der berühmte ‹Rhein-gold-Express› von Hoek van Holland/Amsterdam über Mannheim und Basel nach Luzern beziehungsweise Zürich. Mit seinen violett-elfenbeinfarbenen, eleganten Luxuswagen erzielte er einen ausserordentlichen kommerziellen Erfolg.[129] Einen Moment lang kam 1928 der durchgehende doppelgleisige Ausbau der Verbindungsbahn wieder ins Gespräch. Doch daraus wurde nichts, denn ab 1931 stürzte die Weltwirtschaftskrise die SBB in neue Finanznöte und bescherte der Gesellschaft bis 1938 wiederum acht defizitäre Jahre.

Der Personenverkehr sank bis 1932 um 38 Prozent gegenüber dem Jahr 1930 und blieb in den ganzen 1930er Jahren hinter den Höchstwerten der späten 1920er Jahre zurück. Daran konnte auch die intensive nationalsozialistische Werbung in der Schweiz für preiswerte Ferien im nördlichen Nachbarland nur bedingt etwas ändern. Besser hielt sich der Güterverkehr, der zwischen 1931 und einem erst 1934 erreichten Tiefpunkt nur um 9 Prozent zurückging. Das verhältnismässig gute Resultat war wesentlich dem ausgebauten rechtsrheinischen Basler Hafen zu verdanken: Ab 1932 kamen etwa 50 Prozent des Güterverkehrs vom Hafen in Kleinhüningen, von wo die Waren über den Badischen Bahnhof auf die Verbindungsbahn gelangten.

Die Verbindungsbahn zur Zeit des Nationalsozialismus

Seit 1933 wehte auf dem Badischen Bahnhof die Hakenkreuzfahne. Die zwölfjährige Gewaltherrschaft des Nationalsozialismus, zuerst in Deutschland, seit 1940 im grössten Teil Europas, unterwarf den internationalen Bahnbetrieb nie dagewesenen äusseren Bedingungen.

130   Siehe FORSTER, S. 19 ff.

131   KUNTZEMÜLLER (1941), S. 415

132   Einige Angaben bei WACKER, S. 113,
      116, 184

133   BURKHARDT, S. 24 f.

134   SCHARF, Bd. 2, S. 46 ff.

135   Archiv SBB Historic, SBB 6, Bd. 7,
      Handakten betr. Basler
      Verbindungsbahn; Generaldirektion
      an Verwaltungsrat der SBB,
      7. Juli 1938, S. 1

136   Staatsarchiv Basel-Stadt, J 1, Eisen-
      bahn-Akten, Verbindungsbahn

137   Ebd.; SBB an Baudirektion Basel,
      12. Februar 1937

Während des Zweiten Weltkrieges gewannen die Bahnen enorme strategische Bedeutung für den Nachschub zu den jeweiligen Fronten. Seit dem Frühjahr 1942 rollten die deutschen Deportationszüge aus allen Ländern des besetzten Europa nach Polen, um die jüdische Bevölkerung und zahlreiche Gegner des Nationalsozialismus in die Konzentrations- und Vernichtungslager zu verschleppen. Mehr als 50 Jahre später sah sich die Schweiz 1996 mit dem Vorwurf konfrontiert, solche Züge seien vereinzelt auch über ihr Territorium gelaufen. Die Untersuchungen der Ende 1996 aufgrund solcher und ähnlicher Vorwürfe ins Leben gerufenen ‹Unabhängigen Expertenkommission Schweiz – Zweiter Weltkrieg› (UEK) widerlegten diese Behauptung.[130] Untersucht wurde aber auch der gesamte Transitverkehr durch die Schweiz, den die leistungsfähigen schweizerischen Alpenübergänge am Gotthard und Lötschberg-Simplon auf sich zogen, denn er kam über Jahre nur einer einzigen Kriegspartei zunutze, was im Hinblick auf die Neutralitätspolitik der Schweiz eine heikle Situation schuf.

Nichts deutet darauf hin, dass der administrative Alltag rund um die Verbindungsbahn von der einschneidenden politischen Veränderung des Jahres 1933 unmittelbar betroffen worden wäre. Die Konflikte und politischen Schwierigkeiten konzentrierten sich auf den Badischen Bahnhof, der von deutscher Seite zum Spionage- und Propagandastützpunkt ausgebaut wurde. Bei der Deutschen Reichsbahn figurierte er ab 1935 unter ‹Basel Reichsbahn›, was in der Schweiz Proteste auslöste. Durch Hinzufügen des Beiworts ‹deutsch› konnte der Konflikt entschärft werden. In Basel blieb im Alltagsgebrauch ohnehin immer die alte Bezeichnung erhalten, wenn es auch fortan amtlich hiess: ‹Basel DRB›.[131] Am Bahnhof spielten sich auch jene abscheulichen Szenen ab, die seit 1933 zur schweizerischen Asylpolitik gehörten: Die dort stationierte schweizerische Grenzpolizei wies immer wieder aus Deutschland kommende jüdische Flüchtlinge ab. Gelegentlich erfolgten über den Bahnhof auch Abschiebungen. Mehr und mehr kamen die Flüchtlinge allerdings, in Kenntnis der Situation, nicht mit der Bahn, sondern über die ‹grüne Grenze›.[132]

Wirtschaftlich gesehen entwickelte sich der Verkehr auf der Verbindungsbahn seit 1933 ausnehmend positiv. Dies hing auch mit dem politischen Zusammenrücken der Diktaturen Deutschlands und Italiens zusammen. Als Italien 1935 einen Krieg gegen Äthiopien entfesselte und dafür vom Völkerbund mit Wirtschaftssanktionen belegt wurde, sprang Deutschland ein, um die italienische Kohlenversorgung zu sichern. Ab diesem Zeitpunkt nahm der die Schweiz durchquerende Transitverkehr Deutschland–Italien und Italien–Deutschland kräftig zu.[133] In der zweiten Jahreshälfte 1935 stieg die Zahl der Basel passierenden Transitzüge sprunghaft an; im Oktober lag die Zahl der Wagen doppelt so hoch wie zu Jahresbeginn.[134]

Zweigleisiger Ausbau?

1937 kam man auf die Ausbaupläne zurück. Diesmal ging die Initiative von der schweizerischen Seite aus, denn noch stärker als der Verkehr zwischen Italien und Deutschland hatten die schweizerischen Importe über die Rheinschifffahrt zugenommen. Nicht weniger als die Hälfte des Güterverkehrs über die Verbindungsbahn ging ab 1933 auf das Konto der Zufahrten von der Kleinhüninger Hafenbahn. «Die Verbindungsbahn ist eine der am stärksten beanspruchten einspurigen Linien der SBB», berichtete die Generaldirektion im Juli 1938 dem Verwaltungsrat.[135] Die durchschnittliche tägliche Zahl der Züge war 1937 auf 95 gestiegen, ein noch nie erreichter Wert.

Kompliziert wurde die Entwicklung eines konkreten Projekts durch die grosse Zahl der am Entscheidungsprozess Mitwirkenden. In Basel war von freisinniger und sozialdemokratischer Seite die Idee lanciert worden, die Brücke bei dieser Gelegenheit weiter vom Stadtzentrum entfernt zu platzieren.[136] Dafür bot sich der geplante Kraftwerkbau stromaufwärts in Birsfelden an, der schliesslich aber erst nach dem Krieg, in den frühen 1950er Jahren zustande kam. So zirkulierte einen Moment lang in Parlament und Presse die Idee, die alte Eisenbahnbrücke durch Umwandlung in eine Strassenbrücke den innerstädtischen Verkehrsbedürfnissen anzupassen, dafür aber die Bahnlinie zukünftig einen Kilometer weiter östlich über den Staudamm von Birsfelden zu leiten. Ein ähnlicher Vorschlag war schon 1902 gemacht worden. Die konsultierten Fachleute, vom Elektrizitätswerk Basel bis zu den SBB, hielten die Idee für ungut: technisch machbar, doch unpraktisch und teuer. Selbst der vergleichsweise bescheidene alte Wunsch, den Fussgängersteg zu verbreitern, blieb auf der Strecke. Das gehe erst, wenn die neue Brücke gebaut sei, befanden die SBB. So blieb der Steg bei seinen bescheidenen 1,5 Metern Breite, auf denen der «Massenverkehr» vor allem «an gewissen Sonntagen [...] unhaltbare Verhältnisse» produzierte, wenn sich Fussgänger und Fahrradfahrer auf knappem Raum drängten.[137]

Den durchgehend doppelspurigen Ausbau des Nord-Süd-Transits durch die Schweiz betrieben zu dieser Zeit verschiedene politische Kräfte. Im November 1938 ging eine Eingabe sämtlicher an der Gotthardlinie gelegener Kantone an den Bundesrat, von Basel-Stadt bis in das Tessin, die noch bestehenden eingleisigen Streckenabschnitte auszubauen. Mit dem ‹Anschluss Österreichs an Deutschland› im März des Jahres habe sich die verkehrspolitische Lage der Schweiz stark verändert. Noch gehe die grosse Mehrheit des deutsch-italienischen Verkehrs über den Gotthard. «Das beweist, dass es möglich ist, der Schweiz diesen Verkehr zu sichern, weil die Gotthardbahn als kürzeste Verbindung zwischen den grossen Industrie- und Kohlezentren Westdeutschlands und dem italienischen Hauptabsatzgebiet im Dreieck Mailand-Turin-Genua von Natur aus immer noch ganz erhebliche Vorzüge aufweist, die dem Brenner abgehen.»[138] Ein Ausbau der Linie musste zu dieser Zeit primär Deutschland und Italien dienen, die sich auf Expansions- und Kriegskurs befanden. Doch politische Bedenken tauchten in den schweizerischen Überlegungen nie auf – vom ‹roten Basel› bis zu den konservativen Kantonen der Innerschweiz waren sich alle einig, dass es von der Gelegenheit zu profitieren gelte. Unter dem Etikett der ‹Arbeitsbeschaffung› wurden die Vorstösse noch bis in den Krieg hinein wiederholt; sie scheiterten an finanziellen Einwänden der Berner Behörden.

Immerhin war für das Stück in Basel, eben die Verbindungsbahn, der Ausbau ins Auge gefasst. Der Baubeginn für die durchgehend zweigleisig vorgesehene Strecke mit getrennter Personen- und Güterzugslinie war auf Herbst 1939 angesetzt. Die Kosten waren auf 2,6 Mil-

138   Staatsarchiv Basel-Stadt, SK-REG 64, 13-2-2, Departement des Innern, Handel und Verkehr, Eisenbahnangelegenheiten; diverse Korrespondenzen in dieser Sache, Zitat eines Schreibens an den Bundesrat vom 4. November 1938. Siehe auch FORSTER, S. 137f.

139   KUNTZEMÜLLER (1952), S. 147

140   Arbeiter-Zeitung, 20. März 1940, Der Badische Bahnhof immer noch ein Eldorado für Naziagenten?

141   Schweizerisches Bundesarchiv, E27 13183, Eisenbahnverkehr an den Grenzübergängen 1939–1945; Kommando 4. Division, 4. September 1939

142   Ebd.; Chef des Generalstabs, J. Labhart, 7. Oktober 1939

lionen Schweizer Franken veranschlagt, die Deutsche Reichsbahn hätte sich wie 1873 an der Verzinsung eines Drittels des Kapitals zu 4,5 Prozent beteiligt. Am 1. September eröffnete Deutschland mit dem Überfall auf Polen den Krieg. Die Verbindungsbahn blieb eingleisig.

Kriegsjahre

Als der deutschen Aggression am 3. September 1939 die französische und britische Kriegserklärung folgten, stellte die Reichsbahn den Betrieb im Badischen Rangierbahnhof sogleich ein und verlegte umfangreiches Rollmaterial in den schweizerischen Teil des Bahnhofs, wo sie sogar die Einfahrt in die Verbindungsbahn vorübergehend als Abstellgleis nutzte.[139] Einen Moment lang kam der enorme Nord-Süd-Transit zwischen Deutschland und Italien zum Erliegen. Auch die Rheinschifffahrt wurde stillgelegt. Entgegen allen Erwartungen unterliessen jedoch die Franzosen alle Aktionen gegen die teilweise in ihrer Sichtweite am Rhein entlang führende, wichtige deutsche Nord-Süd-Verbindung. Schon zwei Wochen später lief der Güterverkehr wieder an; auch die Schweiz nutzte die Strecke erneut für die eigene Versorgung, als Verbindung zu den holländischen und belgischen Häfen. «Seit September ist im Badischen Bahnhof Kriegsverkehr», schrieb die sozialistische Arbeiter-Zeitung im März 1940. «Allerdings spürt man nicht gerade viel von den veränderten Verhältnissen.»[140] Eine militärische Besetzung des Badischen Bahnhofs durch die Schweiz war unterblieben, obwohl die Basler Regierung dies analog zur Situation im Ersten Weltkrieg gewünscht hätte. Der Bundesrat wollte, so weit

wie möglich, die Beziehungen zu Deutschland nicht belasten. Stärker als der Güterverkehr war, wie im Ersten Weltkrieg, der Personenverkehr von den Kriegsfolgen betroffen. Einreisende Touristen blieben aus, es verkehrten keine durchgehenden Personenzüge mehr über die Verbindungsbahn. Reisende in die Schweiz stiegen im Badischen Bahnhof am Perron 1 aus, passierten die dort befindliche schweizerische Pass- und Zollkontrolle und wurden mit einem Pendelzug, der normalerweise nur aus einem einzigen Waggon bestand, über die Rheinbrücke zum Bahnhof Basel SBB gebracht. Ihre Zahl brach infolge der Kriegswirkungen massiv ein. Nach einem Tief infolge des deutschen Angriffs auf Frankreich 1940 stieg sie 1941/42, als sich die Kriegsfronten entfernten, wieder deutlich an. Der Gepäckverkehr zwischen der Schweiz und Deutschland nahm während des ganzen Krieges nie so stark ab wie der Personenverkehr.

Die Brückenköpfe und Bahnanlagen waren seit September 1939 militärisch bewacht. Das Kommando der 4. Division wünschte bei Kriegsbeginn die Bereitstellung von 24 mit Schotter beladenen Güterwagen, «damit sie im Konfliktsfall in die Unterführungen gestürzt werden können. Es handelt sich um die Unterführungen auf der Strecke bad. Bahnhof–Eisenbahnbrücke über den Rhein.»[141] Die Wagen sollten unter anderem an der Grenzacherstrasse als Panzersperren dienen. Gross war die immer wieder aufflackernde Sorge militärischer Stellen wegen der ungesicherten Bahnanlagen. Der Chef des Generalstabs, Jakob Labhart, hielt nicht viel von den Erörterungen, ob «mit handstreichartigen Aktionen aus einfahrenden Zügen zu rechnen wäre».[142] Dies vermutlich aus der Erkenntnis heraus, dass noch

143   Archiv SBB Historic, SBB 6, Bd. 7,
       Betriebsführung auf der
       Verbindungsbahn; Korrespondenz
       1942–1946

144   Arbeiter-Zeitung, 20. März 1940

145   FORSTER, S. 50, Anmerkung 9

146   Siehe FORSTER, S. 43

147   Siehe Tabelle im Anhang, sowie
       Statistisches Jahrbuch der Schweiz
       1954, S. 197

148   Vergleichende Zahlen für den
       Verkehr via St. Louis und Badischer
       Bahnhof für Juni bis November
       1944 bei: SCHARF, Bd. 2, S. 40

149   BURCKHARDT, S. 63 f., 89

150   Siehe KAMBER, S. 291 ff.

niemals eine Stadt in solcher Weise besetzt worden war. Als zusätzliches Hindernis brachte man dennoch beim Solitude-Park, neben dem nördlichen Brückenkopf, eine so genannte Entgleisungsweiche an, welche Züge aufhalten sollte, die versuchten, ohne Genehmigung einzufahren. Dieser Umbau geschah allerdings erst im Mai 1940, nach Beginn der deutschen Offensive im Westen.

Zu diesem Zeitpunkt unterbanden die Franzosen den deutschen Zugverkehr: Am 26. Mai 1940 nahmen sie den Rangierbahnhof von Weil unter Beschuss; der deutsche Teil des Bahnhofs wurde geschlossen. Der Verkehr nach Süden verlief nun über die Schwarzwaldbahn; Waldshut und die weiter östlich gelegenen Übergänge traten an die Stelle von Basel. Einen Monat später war Frankreich besiegt, das Elsass wiederum deutsch besetzt und das evakuierte Personal kehrte in den Badischen Rangierbahnhof zurück. Mitte August war auch die linksrheinische Linie nach Norden wieder in Betrieb; im Bahnhof SBB hatte die Reichsbahn den Platz der französischen Bahn eingenommen. Im März 1941 wurde der Schiffsverkehr nach Basel wieder freigegeben. Eine ungemütliche Normalität stellte sich ein.

Die gemeinsam zu erledigenden Geschäfte in der Verwaltung der Verbindungsbahn verliefen in diesen Jahren deutscher Vorherrschaft in einer reduzierten, durch langjährige Routine bestimmten Weise. Auf dem Höhepunkt des Kriegs, im Februar 1942, als die Kapazitäten der Deutschen Reichsbahn zum Zerreissen mit dem Nachschub an die Ostfront belastet waren, ging in Bern von deutscher Seite die höfliche Bitte ein, ob es möglich sei, dass die SBB, wie schon im Ersten Weltkrieg geschehen, «während der restlichen Dauer des Krieges» die alleinige Zugförderung übernehmen könnten. Man einigte sich problemlos, nachdem die SBB eine entsprechende Entschädigung und die Bereitstellung zusätzlicher Kohle aus dem Lager in Haltingen ausgehandelt hatten. Gegen Kriegsende fielen diese Lieferungen aus, doch die SBB führten sorgfältig Buch und als man im Juni 1946 erstmals nach Kriegsende wieder in Kontakt mit der deutschen Seite trat, wurde die Schlussabrechnung für die letzten Kriegsmonate präsentiert.[143]

Eine Verbindung mit strategischem Wert

Militärisch und strategisch besass die Basler Verbindungsbahn während des Zweiten Weltkriegs grosse Bedeutung. Der unscheinbare, eingleisige Schienenstrang war nicht nur wesentlich für die schweizerisch-deutschen Wirtschaftsbeziehungen; er diente auch dem Transit eines beträchtlichen Teils des deutsch-italienischen Verkehrs, der nach dem italienischen Kriegseintritt im Juni 1940 noch wichtiger wurde. «35 Kohlenzüge müssen im Tag aus dem Reich nach Italien», schrieb eine Zeitung im März 1940 unter Verweis auf das deutsch-italienische Kohlenabkommen.[144] Der Grossteil ging durch die Schweiz, was in der Öffentlichkeit allgemein bekannt war. Die endlosen Züge waren in der Tat unübersehbar, wenn auch die Presse einem Verbot unterstand, darüber zu berichten.[145] Auch die amtliche Publikation der Statistik über den Transit war 1940 eingestellt worden.

Der Nord-Süd-Transit durch die Schweiz erreichte 1941/42 Rekordwerte, die erst Mitte der 1960er Jahre übertroffen werden sollten.[146] Basel war eine zentrale Drehscheibe dieses Verkehrs, allerdings nahm die Basler Verbindungsbahn nur einen Teil davon auf, denn seit der zweiten Jahreshälfte 1940 bis in den Sommer 1944 sah sie sich der scharfen Konkurrenz der deutsch kontrollierten linksrheinischen Nord-Süd-Verbindung ausgesetzt, die vom Elsass her via St. Louis Basel erreichte. So verdoppelte sich der Wagendurchlauf über die Verbindungsbahn von Deutschland in die Schweiz und Italien sowie in der Gegenrichtung zwischen dem letzten Vorkriegsjahr 1938 und dem Jahr des stärksten Verkehrs, 1941, während der Transitverkehr durch die Schweiz in derselben Zeit insgesamt um den Faktor 3,7 wuchs.[147] Erst ab August 1944 gewann die Verbindungsbahn wieder einen Vorsprung vor der linksrheinischen Zufahrt, die nun immer stärker durch den alliierten Luftkrieg beeinträchtigt war.[148] Die Kohleversorgung der italienischen Industrie erfolgte ebenso über diese Route wie diejenige der Schweiz.[149] In der Gegenrichtung waren die Lebensmitteltransporte wichtig. Zudem gelangten auf diesem Weg zwischen April 1941 und Juli 1943 zahlreiche italienische Arbeiter nach Deutschland, wo sie in der Kriegsindustrie verpflichtet wurden. In der schweizerischen Öffentlichkeit kursierten immer wieder Gerüchte, dass insgeheim auch Waffen und sogar versteckte oder als Zivilisten verkleidete Soldaten durch die Schweiz transportiert würden, was eine schwerwiegende Verletzung der schweizerischen Neutralität dargestellt hätte.[150] Eine systematische Kontrolle der Züge war in der Tat ausgeschlossen, wollte man nicht den Verkehr zum Erliegen bringen, jedoch verzichtete der Bundesrat auch auf die Anordnung regelmässiger Stichproben, welche die Wahrung der Neutralität vorgeschrieben hätte. Nur im Juli und August 1941 wurden über die Verbindungsbahn

151 Forster, S. 84

152 Ein Beispiel solcher Verspätungen,
     offensichtlich ausgelöst durch die
     Luftangriffe auf Hamburg Anfang
     August 1943, in Archiv SBB Historic,
     SBB 6, Bd. 7, Betriebsführung auf der
     Verbindungsbahn 1942–1946

153 Archiv SBB Historic, SBB 16-07-11,
     Kriegstransportamt, Verkehrsumlei-
     tungen von und nach Deutschland,
     22. November 1944

154 Archiv SBB Historic, SBB
     16-07-07/08, Kriegstransportamt,
     Belastung der deutsch-schweize-
     rischen Grenzübergänge im Güter-
     verkehr 1938–1944; Niederschrift
     über die Besprechung in Konstanz
     am 5. Dezember 1944

155 Scharf, Bd. 2, S. 41

156 Archiv SBB Historic, SBB 57, Bd. 1,
     Rückkauf der Basler Verbindungs-
     bahn und des Bahnhofs der DRB
     durch den Bund 1944–1960; Bericht
     des Eidgenössischen Amts für Ver-
     kehr, 4. September 1944; der Brief
     von Karl Meyer fehlt im Dossier

einlaufende Züge auf dem Güterbahnhof Muttenz – resultatlos – inspiziert.[151] Das Neutralitätsrecht verbot diesen Verkehr nicht, solange keine Truppen oder Waffen durch die Schweiz verschoben wurden; es verlangte aber, dass beiden Kriegsparteien gleiches Recht gewährt werden müsse. Geografische Gründe schlossen diese Möglichkeit aus, so dass allein Deutschland und Italien von der Leistungsfähigkeit des schweizerischen Bahnnetzes profitierten. Die SBB sahen darin nichts Bedenkliches, sondern zeigten sich erfreut über den gesteigerten Verkehr, der ihnen endlich wieder positive Rechnungsabschlüsse ermöglichte. Nach der Kriegswende verschärfte sich allerdings die Kritik der Alliierten am einseitigen Transitverkehr, denn über diese Route ging nicht nur die Kohlenversorgung der italienischen Rüstungsindustrie: In der Gegenrichtung flossen, seitdem das mit Deutschland verbündete Italien im September 1943 von der Wehrmacht besetzt worden war, Beutegüter ins Deutsche Reich. Der Transit durch die Schweiz entlastete nicht nur den Brenner, sondern ermöglichte auch einen verstärkten Nachschub für die deutsche Abwehr in Italien.

Mit fortschreitender Kriegsdauer häuften sich die Störungen und technischen Pannen. Die überbeanspruchten, schlecht unterhaltenen und oftmals überladenen deutschen Güterwagen wurden immer öfter an der Grenze zurückgewiesen, denn in technischer Hinsicht fand die Kontrolle der deutschen Züge durchaus statt. Die 1942 einsetzenden grossen alliierten Luftangriffe trafen vor allem West- und Norddeutschland, wirkten sich aber wellenförmig auf den ganzen deutschen Bahnverkehr bis zum Transit in Basel aus.[152] Zeitweilig kam die Sorge auf, auch der Badische Bahnhof könne, wie der Bahnhof von Schaffhausen im März 1944, zum Ziel von Bombardierungen werden, doch trat der Fall nie ein. Im Dezember 1940 hatten britische Bomben Anlagen des Bahnhofs SBB getroffen; im März 1945 fielen Bomben auf den Güterbahnhof Wolf. Der Badische Bahnhof und die Verbindungsbahn blieben unberührt. Der reguläre Betrieb ging erst seinem Ende zu, als die Franzosen am 20. November 1944 in überraschendem Vorstoss bei Basel den Rhein erreichten. In den Mittagsstunden begann die Beschiessung der Bahnanlagen in Weil sowie des Rangierbahnhofs. Die Franzosen zielten sorgfältig: die in der Schweiz liegenden Teile blieben auch jetzt verschont. In eiliger Absprache mit Vertretern der Reichsbahn organisierten die SBB die Umleitung des Verkehrs.[153] Noch immer nahm die Verbindungsbahn einzelne deutsche Italienzüge auf, die nun nicht mehr von Norden her, sondern via Waldshut und Grenzach eintrafen. Eine schweizerisch-deutsche Bahnkonferenz in Konstanz am 5. Dezember 1944 besprach die Möglichkeiten zur Verlagerung des Verbindungsbahnverkehrs auf die Übergänge in Waldshut, Schaffhausen, Singen und Konstanz.[154] Im Januar 1945 rollten 954 beladene Wagen über die Verbindungsbahn in die Schweiz (196 in der Gegenrichtung); im Februar noch 345 (in der Gegenrichtung 109); im März 271 (und 73 in der Gegenrichtung).[155] Der Waldshuter Übergang war ausgefallen, als die SBB nach einem Fliegerangriff auf den Bahnhof am 19. Februar 1945 die Brücke nach Koblenz schlossen. Am 24. April 1945 überquerten französische Truppen bei Basel den Rhein und besetzten den deutschen Teil des Rangierbahnhofs in Kleinbasel. Der Transit in Basel war definitiv unterbrochen.

Kompensationsobjekt für deutsche Schulden?

Im Hochsommer 1944, als die Alliierten eben Paris befreit hatten und sich in raschem Vormarsch der deutschen Grenze näherten, begann eine interne Debatte zwischen schweizerischen Behörden, ob nicht jetzt der Moment gekommen sei, eine grundlegende Entflechtung in den schweizerisch-deutschen Eisenbahnverhältnissen herbeizuführen. Den ersten Anstoss hatte eigentümlicherweise ein Brief des bekannten Mittelalter-Historikers und Advokaten der ‹Geistigen Landesverteidigung›, Karl Meyer (1885–1950), Professor an der ETH Zürich, an Bundesrat Ernst Nobs gegeben, in dem er eine Revision des Gotthardvertrags von 1909 und eine Ablösung der von Italien und Deutschland seinerzeit gewährten Subventionen vorschlug, um die damit verbundenen Einschränkungen der schweizerischen Souveränität aufzuheben. Daraus resultierte der Auftrag an das Eidgenössische Amt für Verkehr, die Bedingungen zu klären, unter denen ein Rückkauf deutschen Eigentums in der Schweiz möglich sei.[156] Die Situation in Basel sei zur militärischen und neutralitätspolitischen Belastung geworden, hielt das Gutachten fest. Auch habe man eine ganz andere Situation vor sich als 1920, als die notwendigen Mittel für einen Ankauf der deutschen Strecken fehlten. Die Verbindungsbahn übernehme man am besten in alleiniger Regie, komplizierter sei die Frage des Bahnhofs, den man unter Umständen auch nach einer Erwerbung an die Reichsbahn verpachten könnte. Was aber den Gotthard betreffe, bleibe man besser beim Bestehenden: Deutschland und Italien hätten den Vertrag immer mit grösster Loyalität eingehalten.

157   Büro des Deutschen Beauftragten
      für die deutschen Bahnstrecken
      in der Schweiz; Dossier Basel
      Bad. Bahnhof und Verbindungs-
      bahn; Rückkauf Bahnhof Basel DRB,
      September 1944, S.6

158   Archiv SBB Historic, SBB 57, Bd. I,
      Rückkauf der Basler Verbindungs-
      bahn und des Bahnhofs der DRB
      durch den Bund 1944–1960;
      Post- und Eisenbahndepartement
      an diverse Ämter, II. April 1945

159   Schweizerisches Bundesarchiv,
      E 8105 (-), 1976/118, Bd. 29, Studien
      betr. Rückkauf des Badischen
      Bahnhofs und der deutschen Bahn-
      strecken auf Schweizer Gebiet;
      Konferenz zur Klärung der Rück-
      kauffrage, Protokoll, 13. November
      1944, S.5 (Zitat Jacot, Finanzde-
      partement)

160   Staatsarchiv Basel-Stadt, SK-REG 64,
      13-2-2, Departement des Innern,
      Handel und Verkehr. Eisenbahn-
      angelegenheiten 1937–1944; Gut-
      achten des Rheinschifffahrtsamts,
      15. Dezember 1944, S. 2

161   Ebd., S. 8 f.

Die SBB verhielten sich von vornherein skeptisch gegenüber der Idee. Ein Gutachten vom September 1944 kam zum Resultat, eine Übernahme sei «vom betriebs- und verkehrstechnischen Standpunkt aus [...] vorbehaltlos zu verneinen». Der Bahnhof stelle eine «typische deutsche Anlage» dar, er sei grosszügig, «aber nach unsern Begriffen unpraktisch ausgebaut. [...] Die SBB hätten eine gewaltige Bürde, eine riesige Arbeitslast und enorme Unterhaltskosten zu übernehmen, denen schätzungsweise nur geringe, in keinem richtigen Verhältnis stehende Einnahmen gegenüberstünden.»[157] Einzige Ausnahme: die Verbindungsbahn.

Es war Bundesrat Nobs, der als erster die zusätzliche Anregung einbrachte, man könne womöglich auf diesem Weg einen Abbau der deutschen Schulden anstreben.[158] Mit einer bevorzugten Behandlung schweizerischer Ansprüche auf Rückzahlung der Nazi-Deutschland gewährten Kredit-Milliarde war kaum zu rechnen. In Verrechnung mit den deutschen Schulden aber wären die deutschen Bahnanlagen in der Schweiz womöglich günstig zu erwerben gewesen. Im November 1944 befasste sich eine Berner Konferenz mit dieser Frage: Man sprach sich für den Versuch aus, von den schweizerischen Guthaben auf diesem Weg noch etwas zurückzuholen. Der Vertreter des Finanzdepartements befand: «Au point de vue des Alliées, cette somme est considérée un peu comme une contribution à l'effort de guerre allemand. [...] Mais nous n'avons la possibilité de réduire notre créance que si nous faisons le paiement avant l'armistice. Il faut donc envisager une procédure rapide.»[159] Eine Ablösung des alten Staatsvertrags von 1852 und all der übrigen Vereinbarungen noch vor

Kriegsende war wohl unrealistisch, eher dachte man an eine vorweg-
genommene Zahlung. Als nächster Schritt war aber die Einbeziehung
von Basel in diese Überlegungen fällig, wo schon nach dem Ersten
Weltkrieg Rückkaufwünsche laut geworden waren. Die Basler Reaktio-
nen fielen überraschend aus: Im Gegensatz zur Situation von 1920
nahmen die zuständigen Stellen unisono und vehement gegen den
Vorschlag Stellung. Am ausführlichsten äusserte sich das Rheinschiff-
fahrtsamt am 15. Dezember 1944, Handelskammer und Verkehrsverein
schlossen sich an. Der Verfasser des Dokuments, Dr. Alfred Schaller
(1908–1985), vermisste die verkehrspolitischen Begründungen und
plädierte für eine Haltung, die sich nicht von der Ausnahmesituation
des Kriegszustands den Blick trüben liess. «Die Verkehrsprobleme
von Grossstädten, welche an einer Landesgrenze liegen, sind nur in
enger Zusammenarbeit mit den Nachbarstaaten befriedigend lösbar.
Die grossen Verkehrsaufgaben der Stadt Basel bedingen eine enge
Zusammenarbeit zwischen den drei Ländern, die in unmittelbarer
Nähe der Stadt einen gemeinsamen Grenzpunkt haben. [...] Unerfreu-
liche Erscheinungen in Kriegszeiten oder in Zeiten internationaler
Spannungen, die mit der Abwicklung des Verkehrs in keinem direkten
Zusammenhang stehen, dürfen nicht dazu verleiten, verkehrspolitische Entschlüsse, welche für normale Zeiten von grosser Tragweite
sein können, zu fassen. Alle grossen Dispositionen im Verkehrswesen
müssen im Hinblick auf den Friedensverkehr getroffen werden.»[160]

Dies war, angesichts des Kriegs und des Fanatismus, welcher die
Politik der untergehenden deutschen Diktatur bestimmte, ein un-
gewöhnliches Plädoyer dafür, auf die Rückkehr besserer Zeiten zu vertrauen. Schaller war ein exzellenter Kenner der Verkehrsdrehscheibe
Basel. Der ehemalige Beamte der Bundesbahn war an der Gotthard-
strecke aufgewachsen, war zeitweise als Stationsvorstand im Tessin
tätig, studierte und promovierte 1935 in Staatswissenschaft mit einer
Arbeit über die Bedeutung des Basler Rheinhafens für die SBB. Seit
1941 war der spätere freisinnige Regierungs- und Nationalrat Direktor
des Rheinschifffahrtsamts in Basel. Schaller betonte das grosse Interesse an einem guten Verhältnis zu Deutschland, auf das der Verkehrs-
platz Basel immer angewiesen sei: «Es darf angenommen werden,
dass Deutschland auch nach diesem Kriege ein sehr realer politischer
Faktor bleiben wird.» Jetzt einen Schritt in die vorgeschlagene Richtung zu unternehmen, müsse hingegen als unfreundlicher Akt und als
Ausnutzung einer Notlage gewertet werden. Daraus könnte eine
langfristige Schädigung des schweizerischen Transitverkehrs erwachsen. Auch wirtschaftlich sei die Übernahme des Badischen Bahnhofs
kontraproduktiv. Dann aber kam Schaller auf Verbindungs- und
Hafenbahn zu sprechen und wiederholte, in Abweichung von seiner
übrigen Stellungnahme, die bekannten Basler Positionen.

«Für den Verkehr auf der Verbindungsbahn wird eine sog. Brückenfracht erhoben. Diese Verbindungsbahnfracht war von jeher das
grosse Hindernis in der Taxgleichstellung der Basler Bahnhöfe.
Bemühungen, die Taxgleichstellung herbeizuführen, fanden immer
Widerstand in der Begründung seitens der SBB, dass die DRB Anspruch auf einen Drittel der Brückenfracht habe und dass deshalb
unter keinen Umständen auf die Erhebung dieser Fracht verzichtet
werden könne.»[161]

Zudem erinnerte Schaller an die komplizierten Auseinandersetzungen um die Verrechnung der Hafenbahn. «Nach unserer Auffassung könnte diesem Zustande ein Ende gesetzt werden durch einen Rückkauf der Verbindungsbahn.»[162] Schaller übersah, wie dies schon in Stellungnahmen nach dem Ersten Weltkrieg geschehen war, dass ein ‹Rückkauf› der Verbindungsbahn gar nicht möglich war, da diese ja bereits den SBB gehörte. Unübersehbar war aber der Wunsch, dass dieses wenig geliebte Abkommen nun endlich aufgelöst werden möge. Ganz ähnlich äusserte sich der Verkehrsverein, der befand, dass man bei Aufhebung des Verbindungsbahnvertrages mit dem zweigleisigen Ausbau und der Elektrifizierung der Strecke vorwärts kommen könne. Die betroffenen Stadtteile würden «für den Wegfall der Rauchplage» nur dankbar sein.[163] Auch dies war eine unzulängliche Einschätzung, denn die Investitionsfreude der SBB für eine Strecke, deren Zukunftsperspektiven angesichts der Lage in Deutschland ganz im Ungewissen lagen, musste notwendigerweise bescheiden bleiben.

All diese Überlegungen blieben Makulatur. Ein derart kompliziertes Verhandlungspaket in den letzten Kriegsmonaten mit der Reichsbahn beziehungsweise den politischen Instanzen des Nazi-Regimes auszuhandeln, wäre undenkbar gewesen. Die Frage der politischen und praktischen Realisierbarkeit blieb in den schweizerischen Überlegungen auf merkwürdige Art ausgespart. Mit der bedingungslosen deutschen Kapitulation vom 8. Mai 1945 brach die Kommunikation mit den deutschen Partnern ab. Verbindungsbahn und Hafen lagen still, auf dem blockierten Rhein fuhren keine Schiffe mehr. Deutschland schied für Jahre aus dem Kreis der handlungsfähigen Mächte aus.

162   Ebd., S. 10
163   Staatsarchiv Basel-Stadt, SK-REG 64, 13-2-2, Departement des Innern, Handel und Verkehr. Eisenbahnangelegenheiten; Verkehrsverein Basel an Regierungsrat, 6. Dezember 1944

Bahn- und Schiffsverkehr begegnen sich (vorhergehende Seite). Die Güterzuglokomotive C 5/6 der bereits elektrifizierten Gotthardbahn kam zum Abstransport der Güterzüge vom Hafen Kleinhüningen noch lang zum Einsatz.
1953, Albin Breitenmoser.

Soldaten vor dem Portal des mit Kriegsbeginn im August 1914 geschlossenen Badischen Bahnhofs. 1915, Fotograf unbekannt.

Wachposten und Panzerhindernisse am nördlichen Brückenkopf. Mai 1940, Fotograf unbekannt.

Dampflok, Ausfahrt Bahnhof SBB in
Richtung der Verbindungsbahn.
1950er Jahre, Rolf Jeck.

Zentrales Element der Verbindungsbahn
blieb immer die Brücke. Aufnahmen
zwischen 1910 und den 1950er Jahren,
Fotografen unbekannt.

Die Hallen des Bahnhofs Basel SBB sind
heute durch den modernen Bau der
Post verdeckt. Dezember 1937, Lothar Jeck.

Der Rangierbahnhof Muttenz war
während des Zweiten Weltkriegs das
zentrale Durchgangstor des deutsch-
italienischen Transitverkehrs durch die
Schweiz. Um 1944, Lothar Jeck.

Fussgängerweg neben der südlichen
Zufahrt zur Brücke. Ende der 1940er Jahre,
Fotograf unbekannt.

Fussgänger drängen sich auf der Brücke,
deren Steg bald schon zu eng wurde
(rechte Seite). Ende der 1940er Jahre,
Fotograf unbekannt.

Von der Nachkriegszeit zum Verkehrsboom der Gegenwart 1947–2003

Angesichts der Verwüstung des deutschen Bahnnetzes bei Kriegsende
war mit einer langen Frist bis zur Rückkehr zu normalen Verkehrs-
verhältnissen zu rechnen. Noch in den letzten Kriegswochen hatten die
sich zurückziehenden deutschen Truppen zahlreiche Brücken zerstört.

Es folgte die Besatzungsherrschaft, die im deutschen Südwesten
unter französischer Regie stand. Die wirtschaftliche Erholung schien
unendlich weit entfernt und kam dann doch viel schneller als erwartet. Die Stabilisierung der deutschen Währung mit der Einführung
der D-Mark im Juni 1948 setzte ein Zeichen. Kurz darauf begann
ein jahrzehntelang dauernder Wirtschaftsaufschwung, der Westeuropa
verwandelte und nie gesehenen Wohlstand brachte. Die Menge des
Güterverkehrs und der Reisen stieg sprunghaft. Und sie wuchs unentwegt weiter, auch seitdem die Wirtschaft ab Mitte der 1970er Jahre
wieder stärkeren konjunkturellen Schwankungen unterworfen ist.
Mit der fortschreitenden europäischen Einigung und der Ausweitung
der internationalen Verkehrsbeziehungen wurden im Lauf der 1990er
Jahre die alten Strukturen der Verbindungsbahn definitiv gesprengt.

Schwierige Normalisierung

Die Anfänge nach dem Krieg waren bescheiden: Am 17. Dezember
1946 fuhr erstmals wieder ein durchgehender Zug von Basel nach
Hoek van Holland. Er brauchte für diese Strecke 22 Stunden und verkehrte zwei Mal wöchentlich. Es war der alte ‹Rheingold-Express›, der
ab 1951 wieder diesen Namen führte. Die Verbindungsbahn war
für den internationalen Verkehr wieder belebt, wenn auch noch unter

164 Schweizerisches Bundesarchiv,
E 8105 (-), 1974/36, Bd. 5, Wiederauf-
nahme des internationalen
Personenverkehrs mit den Nieder-
landen; Tarifbildung, 23. November
1946; ferner KUNTZEMÜLLER (1953),
S. 178 f.; Aus der Geschichte
des Rheingold-Zuges, Dokumentation 1962 (Archiv SBB Historic,
Bq 2472-19)

165 SCHMITZ, S. 254

166 Siehe Artikel und Nachrufe in
Schweizerisches Wirtschaftsarchiv,
Biographien

167 Büro des Beauftragten für die deutschen Bahnstrecken in der Schweiz,
Dossier Basel Badischer Bahnhof;
Der schweiz. Bevollmächtigte
für Basel DRB, Mitteilung Nr. 13,
19. Juni 1946

168 SCHARF, Bd. 2, S. 56

169 Siehe UHLIG, S. 311 ff.

170 Schweizerisches Bundesarchiv,
E 8105 (-), 1976/118, Bd. 29, Studien
betr. Rückkauf des Badischen
Bahnhofs und der deutschen Bahn-
strecken auf Schweizer Gebiet;
Kleine Anfrage Boerlin, 22. Juni 1945

171 Ebd.; Dr. Nicolas Schlumberger,
Therwil, an Dr. Ed. Weber, Bern,
15. Juni 1945

172 Staatsarchiv Basel-Stadt, SK-REG 64,
13-2-2, Eisenbahnangelegenheiten;
Interpellation im Grossen Rat,
24. Oktober 1945

strengen Einschränkungen für die deutsche Zivilbevölkerung: «Der Zug bedient keine deutschen Stationen.»[164] Erst im Mai 1950 fielen die Einschränkungen für den deutschen Zivilverkehr, nach einer mehr als zehnjährigen Unterbrechung war die Verbindungsbahn wieder ein freies Instrument des internationalen Personenverkehrs geworden. Der Verkehr stieg kräftig an und erreichte wenige Jahre später wieder das Vorkriegsniveau.

Am 29. Mai 1945 waren bewaffnete französische Besatzungs-truppen in den Badischen Bahnhof eingedrungen, um deutsche Mit-arbeiter zu verhaften und den Kassenschlüssel zu beschlagnahmen.[165] Die schweizerische Landesregierung protestierte und stellte die deutschen Bahnanlagen unter treuhänderische Verwaltung. Ein schwei-zerischer Bevollmächtigter für Basel DRB übernahm die Leitung des Badischen Bahnhofs: Emil Meyer (1885–1973), Oberinspektor der SBB in Basel, Fachmann des internationalen Transits durch die Schweiz, der auf eine langjährige Tätigkeit an der Gotthardbahn und in Chiasso zurückblicken konnte, bevor er 1938 nach Basel kam.[166] Er wehrte sich fortan mit Entschiedenheit gegen einseitige Massnahmen der Besatzungsmacht, so gegen den französischen Plan von Juni 1946, die Hauptlinie zwischen Freiburg und Basel durch Demontage auf ein-gleisigen Betrieb zurückzubauen. «Der Rückbau des zweiten Geleises zwischen Freiburg (Brsg.) und Basel DRB verletzt die schweizerischen und internationalen Verkehrsinteressen. Es wird daher dem auf schweizerischem Gebiet diensttuenden Reichsbahnpersonal aller Kategorien ausdrücklich untersagt, an der Bearbeitung der angeforder-ten Entwurfspläne mitzuwirken und allenfalls auf schweizerischem

Gebiet liegende dafür benötigte Akten herauszugeben.»[167] Seit November 1945 war immerhin die durchgehende Befahrbarkeit von Karlsruhe bis Basel wiederhergestellt.[168]

Den Anspruch, dass die Besatzungsmächte als legitime Rechtsnachfolger der ehemaligen deutschen Regierung auch über das deutsche Eigentum im Ausland verfügen dürften, wies der Bundesrat strikt zurück. Um einem solchen Anspruch zu genügen, hätten die Besatzungsmächte aus schweizerischer Sicht auch Verpflichtungen der früheren deutschen Regierung übernehmen müssen, sprich die deutschen Schulden bei der Schweiz. Vor allem aber ging es darum, die Ansprüche der Sieger auf die deutschen Vermögen in der Schweiz zurückzuweisen. Unter diesen stellten die Bahnanlagen nur den kleinsten Teil dar, in erster Linie ging es um Vermögenswerte und Investitionen, welche die Interessen des Finanzplatzes betrafen. So wurde zwar im Mai 1946 mit den Alliierten in Washington die Auflösung der deutschen Vermögen in der Schweiz vereinbart – gegen Entschädigung, wohlgemerkt – doch kam es nie dazu, da die mit der Aufgabe betrauten Behörden die Alliierten über Jahre hinhielten.[169] Den deutschen Bahnanlagen kam bei dieser Affäre die Rolle eines Präzedenzfalls zu: hier nachzugeben hätte eine Anerkennung des alliierten Rechtsanspruchs beinhaltet und unerwünschte Folgen nach sich gezogen.

Im Juni 1945 wandte sich der Baselbieter Nationalrat Ernst Boerlin mit einer kleinen Anfrage an den Bundesrat, wie man es mit dem Badischen Bahnhof halte. Dieser unterstünde derzeit, so nahm Boerlin irrtümlich an, französischer Kontrolle. «Hält es der Bundesrat nicht für wünschenswert, dass der Bahnhof und sein Betrieb in Zukunft von der Schweiz übernommen würden und wird er Schritte zu diesem Zwecke tun?»[170] Diese Sicht entsprach einer verbreiteten Stimmungslage in der Öffentlichkeit. «Die Situation, wie sie war und wie sie ist, darf nicht aufrecht erhalten werden und es bietet sich heute eine einzigartige Gelegenheit, diese Anlagen zu kaufen und die Deutschen dorthin zu stellen, wo sie hingehören, nämlich über die Grenze.»[171] So ein Basler Offizier im Juni 1945 in einem Brief, in dem er sich darüber empörte, dass die Bundesbehörden während des Krieges nie den Mut gehabt hätten, den Badischen Bahnhof stillzulegen, wie man es 1914 getan hatte. Ähnlich warf eine Interpellation im Basler Grossen Rat im Herbst 1945 die Frage auf, ob der Staatsvertrag mit Baden von 1852 nicht einfach «als dahingefallen zu betrachten sei» und «eine grundsätzliche Neuregelung der Verhältnisse zu treffen [sei], bevor irgendein fait accompli von irgendeiner Seite geschaffen wird».[172]

Wenige Monate zuvor hatten schweizerische Verwaltungsstellen sich selbst mit der Frage des Rückkaufs befasst, doch nun kamen derartige Vorstösse denkbar ungelegen. Mit den Deutschen hätte man diese Fragen verhandelt, nicht aber mit den Alliierten. Walter Stucki, eine der wichtigsten Persönlichkeiten der schweizerischen Aussenpolitik in dieser kritischen Phase, wandte sich an den Baselbieter Nationalrat. «Ich habe heute mit Herrn Nationalrat Boerlin dessen kleine Anfrage vom 22. Juni betreffend den badischen Bahnhof in Basel besprochen», notierte er. «Ich habe ihn davon überzeugen können, dass eine öffentliche Beantwortung seiner Anfrage für die schweizerischen Interessen unvorteilhaft, ja gefährlich werden könnte. Er hat

173 Schweizerisches Bundesarchiv,
E 8105 (-), 1976/118, Bd. 29, Studien
betr. Rückkauf des Badischen
Bahnhofs und der deutschen Bahn-
strecken auf Schweizer Gebiet;
Notiz Stucki für Legationsrat
Zurlinden, 26. September 1945

174 Ebd.; Politisches Departement/
Abteilung für Auswärtiges an
Post- und Eisenbahndepartement,
7. März 1946

175 Staatsarchiv Basel-Stadt, SK-REG 64,
13-2-2, Eisenbahnangelegenheiten;
Konferenz in Bern über die Änderung der treuhänderischen Verwaltung, 12. März 1948, S. 6

176 Ebd., S. 10

sich bereit erklärt, die Anfrage zurückzuziehen.»[173] In einem verwal-
tungsinternen Schriftstück vom März 1946 machte Stucki klar, worum
es dabei ging.

«Mit Ihnen sind wir der Auffassung, dass es gegenwärtig nicht
möglich ist, an eine Revision der schweizerisch-deutschen resp.
badischen Eisenbahnverträge heranzutreten, da dem deutschen Partner zurzeit die völkerrechtliche Handlungsfähigkeit fehlt. Dazu
kommt, dass, wenn jetzt daran gegangen würde, den Status des Badischen Bahnhofs in Basel zu ändern, damit gerechnet werden muss,
dass sich die Besetzungsmächte einschalten, was sehr unangenehm
wäre. Sowohl die französischen wie die amerikanischen Behörden
haben ihr Interesse für die deutschen Eisenbahnanlagen in der
Schweiz bekundet. Unter diesen Umständen wird man alles vermeiden müssen, was die Aufmerksamkeit des Auslandes auf die Reichs-
bahnanlagen in der Schweiz ziehen könnte, und den gegenwärtigen
Zustand weiterhin andauern lassen [müssen].»[174]

Diesem höheren Zwang hatten sich die baslerischen Wünsche
unterzuordnen, ob diese sich nun auf den Badischen Bahnhof oder auf
die Verbindungsbahn bezogen.

Bestätigung des Vertrags durch die Deutsche Bundesbahn

Im August 1947 wandten sich die französischen Besatzungsbe-
hörden an Bern, ob man nicht Schritte zur Wiederbelebung der deutschen Bahnlinien in der Schweiz unternehmen könne. Diese dienten
ja wesentlich dem süddeutschen Durchgangsverkehr entlang der

schweizerischen Grenze. Kurz vor Jahresende kam es zur Unterzeichnung einer Vereinbarung, so dass im folgenden Jahr die deutschen Bahnbeamten wieder in der Schweiz Einzug hielten, wenn auch unter französischer Oberhoheit. Eine Konferenz vom März 1948 hatte schweizerische Widerstände zu beschwichtigen. Die Basler waren einverstanden, dass eine Übernahme des Badischen Bahnhofs Basel nichts nütze und dass man an die Eigentumsfrage besser nicht rühre: «Wir müssen heute bereits mit der Wiedergeburt einer deutschen Regierung und von deutschen Behörden rechnen», befand der sozialdemokratische Regierungsrat Gustav Wenk (1884–1956), wichtig sei vor allem eine «Normalisierung des Verkehrs».[175] Die Schaffhauser hingegen bekundeten grössten Widerwillen gegen eine Zusammenarbeit mit den Franzosen, aus ihrer Sicht wäre es besser gewesen, die Bahnen bei Kriegsende einfach zu übernehmen. Der juristische Vertreter des Bundesrats stellte nochmals klar, weshalb das Abkommen so wichtig sei. «Die Rechtsstellung des deutschen Staatseigentums ist für uns von derartiger Wichtigkeit, dass ich Ihnen im Auftrage meines Chefs» – das war Bundesrat Max Petitpierre – «beantragen muss, der Vereinbarung zuzustimmen, weil wir auf diesem Weg an unserem bisherigen politischen Standpunkte festhalten können.» Ein derartiges Abkommen war ein Schritt zur Anerkennung der schweizerischen Rechtsposition, dass die Besatzungsmächte nicht stellvertretend für eine legitime deutsche Regierung handeln konnten. Hellsichtig fügte der Beamte hinzu, dass sich die Lage wohl bald noch weitergehend ändern würde. «Auch ich erachte die Wiederauferstehung einer deutschen Regierung in einer kürzeren als der erwarteten Zeit für

möglich.»[176] Im nächsten Jahr, 1949, erfolgte die Gründung der Bundesrepublik Deutschland, mit der die deutschen Souveränitätsrechte Schritt für Schritt wiederkehrten.

Auch die Verbindungsbahn fand allmählich wieder zum gemeinschaftlichen Betrieb zurück. An die Stelle der zerschlagenen Reichsbahn war im Sommer 1947 die Betriebsvereinigung der Südwestdeutschen Eisenbahnen getreten, die ihrerseits Ende 1951 in der Deutschen Bundesbahn aufgingen. Die Wiederherstellung der Eisenbahndirektion Karlsruhe als direktem Partner folgte erst 1953. Im August 1953 erneuerte eine Vereinbarung mit der Bundesrepublik Deutschland das alte Vertragsverhältnis, so dass die schweizerische Treuhänderschaft über die deutschen Bahnanlagen in der Schweiz auch formell zu Ende ging. Die Übereinkunft regelte auch das Fortbestehen der noch heute bestehenden Gemischten Kommission, welche die schweizerisch-französische Vereinbarung von Ende 1947 geschaffen hatte. Neben den Bahn- und Verkehrsfachleuten gehörten ihr stets auch politische Vertreter der betroffenen Grenzkantone an. Den französischen Offizieren folgten mit der Zeit wieder deutsche Beamte. Erleichtert nahmen die Schweizer zur Kenntnis, dass sie es nun wieder mit umgänglicheren Personen zu tun hatten – unvergessen war die nationalsozialistische Arroganz der zurückliegenden Jahre. Als Emil Eisele, Präsident der Eisenbahndirektion Karlsruhe und Mitglied der Gemischten Kommission, im März 1952 starb, erinnerte Robert Kunz, Direktor des Eidgenössischen Amts für Verkehr, in einer Sitzung der Gemischten Kommission an den Verstorbenen als positives Beispiel für diesen neuen Geist.

177   Schweizerisches Bundesarchiv,
        E 8105 (-), 1976/118, Bd. 31, Hand-
        akten des Bevollmächtigten;
        Protokoll der Gemischten Kommis-
        sion, 29. Mai 1952, S. 5

178   Staatsarchiv Basel-Stadt, BD-REG
        IA, 1202-38, Verbindungsbahn-
        brücke; Kreisdirektion II der SBB an
        Kantonsingenieur, 16. Mai 1947

179   Ebd.; Kantonsingenieur,
        25. März 1947

180   Generallandesarchiv Karlsruhe, 421
        Zug 1993–90, Nr. 1966, Basel Ver-
        bindungsbahn 1951–1962; Bundes-
        bahndirektion Karlsruhe,
        6. August 1953

181   Badische Zeitung, 21. November 1953

182   Generallandesarchiv Karlsruhe: 421
        Zug. 1993–90, Nr. 1966, Basler Ver-
        bindungsbahn, 1951–1962; E. Meyer
        an Direktor Mangold, Rheinschiff-
        fahrtsamt, 16. Oktober 1953, S. 5

183   Staatsarchiv Basel-Stadt, SK-REG,
        13-2-2, Eisenbahnangelegenheiten;
        SBB an Regierungsrat, 9. Juni 1953

184   Staatsarchiv Basel-Stadt, BD-REG
        IA, 1202-38, Ausbau auf Doppel-
        spur; Interpellation Miescher,
        8. Oktober 1953

185   Staatsarchiv Basel-Stadt, SK-REG,
        13-2-2, Eisenbahnangelegenheiten;
        Verkehrsverein Basel an Regie-
        rungsrat, 28. Februar 1953

186   Staatsarchiv Basel-Stadt, BD-REG
        IA, 1202-38, Ausbau auf Doppel-
        spur; Generaldirektion der SBB an
        Regierungsrat Basel-Stadt, 7. Mai
        1954

«Wo Bahnverwaltung und Personal mit schweizerischen Bahnbe-
nützern, Behörden und Privaten täglich in mannigfachste Beziehungen
treten, handelt es sich darin oft weniger um die korrekte Abwicklung des Dienstes und der Geschäfte in Anwendung der massgebenden,
hier im wesentlichen deutschen Vorschriften, als um die Art und
Weise der gegenseitigen menschlichen Begegnung. Nach gemeinsam,
aber verschiedenartig durchlebter, schwerer Zeit kommt solchen
Imponderabilien mehr Gewicht zu, als in der von solchen Erschütterungen noch freien, früheren Zeit, woran die Erinnerung hüben und
drüben glücklicherweise lebendig geblieben ist.»[177]

Dann ging man zu den übrigen Traktanden des Tages über: «Elekt-
rifizierungsarbeiten im Raume Basel und Basler Verbindungsbahn»
lautete ein wichtiges Geschäft.

Modernisierung der Verbindungsbahn

In Basel herrschte Ungeduld, nachdem für lange Zeit alle die Verbindungsbahn betreffenden lokalen Anliegen gescheitert waren.
Zwei Mal hatte ein Kriegsausbruch den bereits beschlossenen doppelspurigen Ausbau verhindert. Selbst bescheidene Wünsche blieben
unerfüllt, so etwa bezüglich des Fussgängerstegs, dessen Unzulänglichkeit schon so oft Verdruss erregt hatte. Vom Anbringen eines
zusätzlichen Holzstegs mochten die SBB nichts wissen, jedes zusätzliche Gewicht sei zu viel. Die Eisenteile wiesen jetzt schon Überschrei-
tungen der zulässigen Spannungen um 30 bis 50 Prozent auf.[178] Im
Frühjahr 1947 wandte sich der Kantonsingenieur auf der Suche nach

einer Lösung ans Militär. «Eine Verbreiterung des bestehenden Steges wird […] von den Bundesbahnen, denen die Brücke gehört, abgelehnt, mit dem Hinweis, dass die Hauptträger der über 75 Jahre alten Brücke schon längst für den Bahnverkehr zu schwach sind, weshalb die Brücke bei nächster Gelegenheit abgebrochen und durch eine neue ersetzt wird. Aber auch dieses Bauvorhaben dürfte angesichts der gegenwärtigen Verhältnisse bei der deutschen Reichsbahn, die an der Brücke ein Mitspracherecht besitzt, in den nächsten 4–5 Jahren nicht verwirklicht werden.»[179] Ob es nicht möglich wäre, fragte der Kantonsingenieur, eine Kriegsbrücke, vielleicht eine solche «bewährter ausländischer Konstruktion», leihweise zu übernehmen und diese später der Armee zurückzugeben. Der angefragte Oberst-Divisionär winkte ab.

Ab 1951 war auch die deutsche Seite wieder im Planungsprozess aktiv. Der Vertreter für die deutschen Strecken auf Schweizer Gebiet, Walter Hofmann, liess keinen Zweifel an der Unzulänglichkeit der Basler Verbindung. Neuerdings komme es zu «Zugunregelmässigkeiten und Verspätungen bis zu 3 Stunden».[180] Die neu geschaffene Bundesbahndirektion Karlsruhe rief 1953 ebenfalls nach einer Steigerung der Leistungsfähigkeit und beklagte den mangelhaften Ausbau der Güterbahnhöfe Wolf und Muttenz. Die Badische Zeitung spottete über den «Flaschenhals in Basel»: «Die rentabelste Eisenbahnlinie der Welt ist immer noch eingleisig.»[181] Doch der mittlerweile pensionierte Emil Meyer, der in den schwierigen Nachkriegsjahren als Treuhänder den Badischen Bahnhof verwaltet hatte und weiterhin der Gemischten Kommission angehörte, riet dringend davon ab, mit

dem Ausbau der Brücke gleich aufs Ganze zu gehen. Dies werde nur zu neuen Verzögerungen führen, sinnvoller sei ein Ausbau der Signalanlagen. «Auf der Hohenzollernbrücke in Köln bewältigen heute 2 Geleise reibungslos mittels der neuesten Signaltechnik einen stärkeren Verkehr als vor der Zerstörung 4 Geleise.»[182]

Trotzdem kam es 1953 gleich zu mehreren politischen Vorstössen in Basel, nachdem der Verkehr sprunghaft gestiegen war und nun das Niveau der späten 1930er Jahre übertraf. «Die Verbindungsbahn bildet seit langem einen schwierigen Engpass für den Verkehr Deutschland–Schweiz.»[183] Man müsse endlich mit dem Ausbau vorwärts machen, hiess es. «Die Kosten für die Verwirklichung des Doppelspurprojekts lassen sich allein schon auf Grund der Tatsache verantworten, dass die Basler Verbindungsbahn von jeher eine der rentabelsten Linien der schweizerischen und badischen Eisenbahnen, wenn nicht gar die bestrentierende Eisenbahn Europas gewesen ist. Sie wird es auch weiterhin sein.»[184] Der Verkehrsverein beklagte die Rauchbelästigung in den Wohnquartieren. «Es ist kaum fassbar, wenn die Elektrifikation dieser äusserst stark befahrenen Einspur der SBB überhaupt so lange hinausgeschoben worden ist.»[185] In ihrer Antwort verwiesen die SBB lapidar auf die bestehende Rechtslage. «Der Grund, weshalb bis heute mit dem Ausbau noch nicht begonnen werden konnte, liegt darin, dass es sich um eine Gemeinschaftsstrecke mit der Deutschen Bundesbahn handelt und die Bereinigung der technischen und rechtlichen Fragen mit unserer Schwesterverwaltung auch bei beidseitigem guten Willen sehr zeitraubend ist.»[186]

Die politisch weit heiklere Frage als das Verhältnis zur deutschen Bahn, nämlich das Verhältnis zum Kanton Basel-Stadt, war damit freilich ausgespart. Basel meldete über Jahre immer wieder Sonderwünsche an, welche für Verzögerung sorgten. Dazu zählte namentlich die Forderung, bei einem Neubau den Mittelpfeiler der Brücke zu entfernen, um mehr Raum für die Schifffahrt zu schaffen. Die Stadt liess erst 1956 davon ab, als die Bahngesellschaft insistierte, dass Basel die zusätzlichen Kosten voll übernehmen müsste.

Dennoch ging es ab 1954 Schritt für Schritt mit dem Ausbau der Verbindungsbahn voran: Als erstes erfolgte die doppelspurige Erweiterung der südlichen Zufahrt zwischen Gellert und Rheinbrücke, sodann die Auflösung der aus dem Jahr 1927 stammenden Signalstation Gellert. Mit der Ersetzung der alten mechanischen durch moderne Lichtsignale im Sommer 1955 ging deren Fernsteuerung an den Badischen Bahnhof über. Wichtig war die Umstellung auf elektrischen Betrieb am 1. November 1956, dem im Mai 1958 auch die Hafenbahn folgte. Die Elektrifizierung war abgestimmt auf den entsprechenden Ausbau der Linie Karlsruhe–Basel, der zeitgleich abgeschlossen wurde. Parallel neben der Verbindungsbahn wurde die St. Albanbrücke für den anwachsenden Autoverkehr geplant und gebaut. In diesem Teil der Stadt kam es zu einer rasant zunehmenden Dichte an Verkehrsanlagen, neben denen die eingleisigen Spuren der alten Verbindungsbahn höchst bescheiden wirkten.

187   Basler Nachrichten, Nr. 19, 13. Januar 1956

188   Archiv SBB Historic, SBB 40, Bd. 17; Antrag der Generaldirektion SBB an den Verwaltungsrat, 28. November 1958, S. 3

189   Siehe KAMMANN, S. 129 ff.

Neubau der Brücke

Bis 1959, so hatte der optimistische Regierungspräsident Hanspeter Tschudi Anfang 1956 eine liberale Interpellation beantwortet, werde auch die Eisenbahnbrücke doppelspurig ausgebaut sein.[187] Ende 1958 lag immerhin die Projektvorlage vor. Der Verwaltungsrat der SBB bewilligte 5,7 Millionen Schweizer Franken. Die Finanzierung folgte dem Muster der Vergangenheit. «Gemäss der Übereinkunft zwischen der Grossherzoglich Badischen Eisenbahn und der Schweizerischen Centralbahn vom Jahre 1869, nach welcher noch heute das Gemeinschaftsverhältnis geregelt ist, müssen die SBB das gesamte Baukapital aufbringen, während die Deutsche Bundesbahn einen Drittel davon mit 4,5 Prozent verzinst.»[188] Die alten Pfeiler erwiesen sich als unvermindert tauglich, ein Betonbau wäre jedoch zu schwer gewesen, so dass man eine Stahlkonstruktion wählte. Diese ruhte auf zusätzlich angebrachten Stützen und erfüllte damit einen schon vor dem Ersten Weltkrieg geäusserten Basler Wunsch: Die Durchfahrtshöhe für die Schifffahrt erhöhte sich um 80 Zentimeter auf sieben Meter. Die Bauweise folgte dem bereits 1913 von der Reichsbahn vorgeschlagenen Weg: Die neue Brücke entstand neben der alten, so dass der Verkehr nie unterbrochen werden musste. Zu dieser Zeit verkehrten mehr als 130 Züge täglich über die Brücke, zwei Drittel davon waren Güterzüge. In einem generalstabsmässig geplanten Kraftakt wurde Anfang April 1962 in einer Nacht von Sonntag auf Montag, in welcher der Verkehr jeweils besonders schwach war, zwischen Mitternacht und drei Uhr morgens der Anschluss umgebaut. Kurz nach drei Uhr passierte der Riviera-Express, der zurückgehalten worden war, als

erster Zug die neue Brücke. Wenige Monate später, im August 1962, war die 89jährige alte Gitterbrücke verschwunden, die neue wurde mit hydraulischen Pressen auf die Mitte der Pfeiler verschoben.

Während noch der Ausbau der Bahnanlagen Schritt für Schritt voranging, war der Kanton bereits in den aufreibenden Planungsprozess des Nationalstrassenbaus verstrickt.[189] Im Gegensatz zu den eidgenössischen Instanzen, die eine ausserhalb der Stadt liegende Verbindung zur deutschen Autobahn via Birsfelden favorisierten, wollte die kantonale Politik die Nationalstrasse in der Stadt, nämlich mittels einer Zufahrt über das bereits von der Verbindungsbahn belegte Gellertdreieck. Die Basler Regierung wollte den Verkehr in der Stadt; Basel sollte nicht «umfahren» werden, was an eisenbahnpolitische Auseinandersetzungen einer weit zurückliegenden Epoche erinnert. Die Regierung setzte alle Hebel in Bewegung, um diese Lösung durchzusetzen, bis zu dem Punkt, an dem ihr der aus Basel stammende und jede Konfrontation mit seiner Heimatstadt scheuende Bundesrat Hanspeter Tschudi eine ernste Mahnung wegen ihres unkooperativen Verhaltens zukommen liess. Eine von rund 20 000 Personen unterzeichnete Petition an den Bundesrat – ein früher umweltpolitischer Vorstoss – hatte 1964 auf Lärm und Luftverschmutzung hingewiesen und erneut den Autobahnbau ausserhalb der Stadt gefordert, doch vergebens. Auch der Basler Grosse Rat sprach sich 1964 mit überwältigender Mehrheit für die innerstädtische Lösung aus, so dass Bern schliesslich nachgab. Beabsichtigt war, «durch geschickte Ausnutzung vorhandener Strukturen und Zäsuren den privaten Verkehr auf einem Autobahnring längs der bestehenden Bahnlinien, neben der Verbindungsbahn und der Elsässerbahn, zu kanalisieren und das eigentliche Stadtzentrum durch einen Cityring, entlang der alten Stadtgräben, vom Durchgangsverkehr abzuschirmen».[190] Ab 1969 wurde gebaut. Ende 1973 konnte unmittelbar neben der Eisenbahnbrücke die zehnspurige Schwarzwaldbrücke eröffnet werden.

Bis 1985 zog sich die Fertigstellung der teuren und immens komplizierten Bauten im Gellertdreieck hin. Die National-Zeitung umschrieb die anstehende Aufgabe in Knappheit. «Das Autobahndreieck wird dem bestehenden eingleisigen Bahndreieck, das gleichzeitig auf zwei Gleise ausgebaut werden soll, überlagert.»[191] Der Nationalstrassenbau zwang die SBB zu einem durchgehend doppelspurigen Ausbau der Verbindungsbahn, den sie zu diesem Zeitpunkt noch gar nicht vorgesehen hatten. Was jetzt nicht geschah, war später nicht mehr möglich. Der knappe Raum wurde in einer enormen Verdichtung überbaut. Der idyllische Grünstreifen, auf dem die Bahn einst die Stadt durchquert hatte, verschwand. Auf mehreren Ebenen, vom Tunnel bis zur Hochstrasse, entstand ein gigantisches und kreuzungsfreies, direkt an Wohngebiete angrenzendes Verkehrskarussell.

Wachstum sprengt alle Grenzen

Während der grossen Umbauten wuchs der Verkehr unentwegt. Nachdem um 1955 im Gütertransport das Vorkriegsniveau wieder erreicht und übertroffen worden war, wuchs dieser bis 1970 um nochmals 70 Prozent weiter. Einzig in den Jahren 1958 und 1964 bremsten leichte Konjunkturschwankungen das Wachstum. Bei diesem

190   National-Zeitung, Nr. 396, 19. Dezember 1973. Das Wirtschaftsarchiv Basel, Vo L II 1c Basel-Stadt, enthält eine umfangreiche Pressedokumentation zum Thema

191   National-Zeitung, Nr. 583, 17. Dezember 1971

192   Siehe THIESSING, Bd. 4, S. 432 ff.

193   SCHWABE, S. 319

194   Siehe RITZMANN, S. 774

195   Siehe auch NORDMANN, Daniel: Grenzen sprengen. Die SBB auf dem Weg zur europäischen Bahn. In: BURRI (2003), S. 37–44

196   Basler Volksblatt, 8. Juni 1991; 13. Juni 1992 (Wirtschaftsarchiv Basel, Vo L IV 1, Eisenbahn BS)

Höhenflug geriet die früher so hart umstrittene Frage des Tarifs der Verbindungsbahn weitgehend in Vergessenheit, obwohl mit der grossen Tarifreform der SBB in den frühen 1950er Jahren die alte Struktur wiederhergestellt worden war: Verrechnet wurde grundsätzlich die doppelte Kilometerdistanz.[192] Angesichts der wirtschaftlich so überaus günstigen Entwicklung mochte niemand mehr daraus eine grosse Affäre machen.

Erst kurz vor dem Ende der eigentlichen Hochkonjunktur wurde die Bewegung der Gütertransporte ab 1971 rückläufig. Die Bahn spürte in wachsendem Ausmass die Konkurrenz der Strasse. Der konjunkturelle Rückschlag im Gefolge der Ölkrise von 1973 traf den Gütertransport der Bahnen dann überaus hart und verursachte 1974/1975 innerhalb weniger Monate einen Einbruch, wie er selbst in der grossen Weltwirtschaftskrise der 1930er Jahre erst nach einem Niedergang von mehreren Jahren zustande gekommen war.[193] Die Eröffnung des Gotthard-Strassentunnels im September 1980 verschlechterte die Konkurrenzfähigkeit der Bahnen im alpenquerenden Güterverkehr langfristig. Ab 1974 fuhren die SBB Verluste in einer nie erreichten Höhe ein.[194] Dies löste einen bis heute andauernden Neuorientierungsprozess der Bahnen aus – nicht nur in der Schweiz.

Im Jahr 1975, auf dem Höhepunkt der Krise, lag die Menge des über die Verbindungsbahn laufenden Güterverkehrs mit 7,7 Millionen Tonnen genau doppelt so hoch wie 1937, dem verkehrsstärksten Jahr vor dem Zweiten Weltkrieg. Exakt zwanzig Jahre später, 1995, hatte sich der durchlaufende Güterverkehr wiederum verdoppelt, auf knapp 16 Millionen Tonnen.

In der zweiten Hälfte der 1970er Jahre war die europäische und die schweizerische Bahnpolitik definitiv in Bewegung geraten. Hochgeschwindigkeitszüge, neue Alpentransversale, Huckepacktransport für den Schwerverkehr der Strassen lauteten die neuen Stichworte. Organisatorisch einschneidend war die Bahnreform des Jahrs 1999 mit der Divisionalisierung der SBB, die seither die drei Einheiten Personenverkehr, Güterverkehr und Infrastruktur aufweisen. Im Güterverkehr ist heute eine neue Stufe der internationalen Harmonisierung gefragt, will die Bahn nicht definitiv gegenüber dem Strassentransport zurückbleiben. Gegenüber dem Dampfzeitalter haben unterschiedliche Strom- und Sicherungssysteme diese Gefahr sogar noch erhöht.[195] Der Güterverkehr der SBB, der heute organisatorisch unter dem Dach von SBB Cargo untergebracht ist, sucht gegenwärtig mit der Gründung von Tochterunternehmen in Deutschland und in Italien seine Stellung im Nord-Süd-Transit zu stärken.

Wird die Kapazität des Nadelöhrs Basel noch ausreichen für die neuen Aufgaben? Alle gegenwärtigen Voraussagen gehen von einer weiterhin massiven Zunahme des Nord-Süd-Verkehrs aus. Als langfristige Ausbauperspektive kam Anfang der 1990er Jahre die Idee einer weiteren Brücke östlich der Stadt auf, das Konzept eines «Bypass um das infarktgefährdete Basel herum».[196] Die Realisierung liegt noch in ferner Zukunft, die Entscheidung über den Bau einer derartigen Verbindung im dicht besiedelten Raum war schon im 19. Jahrhundert nicht leicht gefallen. Sie ist heute noch weit schwieriger geworden. Gegenwärtig liegt jedoch das ausgearbeitete Projekt für eine Brücke unmittelbar neben der bestehenden vor, gegen das noch diverse Einsprüche vorliegen. «Ursprünglich war die Rede von 2006 bis 2008; nun soll von 2007 bis 2009 gebaut werden.»[197] Den Bau bezahlen werden allein die SBB, denn die Verbindungsbahn in ihrer alten Form als schweizerisch-deutsches Gemeinschaftsunternehmen gibt es nicht mehr. Im Mai 2003 haben die SBB die alte Übereinkunft auf Ende desselben Jahres gekündigt, zur Zeit der Drucklegung dieser Publikation steht eine Unterzeichnung der Nachfolgeverträge noch aus. Die schweizerischen wie auch die europäischen Bahnreformen schreiben die Trennung von Verkehr und Infrastruktur und die diskriminierungsfreie Öffnung der Netze für alle Benutzer vor, was im Rahmen der obsolet gewordenen Übereinkunft von 1869 nur noch schwer erreichbar gewesen wäre.

Die Verbindungsbahn in der juristischen Konstruktion des 19. Jahrhunderts existiert nicht mehr. Sie hat ungeahnte wirtschaftliche Erschütterungen, den Wechsel der Bahngesellschaften, zwei Weltkriege und mehrere politische Umbrüche überstanden. Welche juristische Grundlage eine Verbindungsbahn des 21. Jahrhunderts haben wird, muss die Zukunft zeigen.

197   Basler Zeitung, 21. November 2003, S. 23

Seit 1956 war die Verbindungsbahn auf elektrischen Betrieb umgestellt, was die Leistungsfähigkeit wesentlich erhöhte. November 1958, Fotograf unbekannt.

Die Bildersequenz zeigt den stufenweisen Ausbau der Verbindungsbahn in den 1950er Jahren. Der Bereich der Signalstation Gellert wird auf Doppelgleise umgestellt, wie auch die südliche Zufahrt, wo noch Panzersperren des Kriegs sichtbar sind. Im Herbst 1956 steht bereits das Hochhaus im Gellert, während zugleich an der Elektrifizierung der Strecke gearbeitet wird. Aufnahmen 1954–1956, Fotografen unbekannt.

Übersichtsplan zum komplizierten, etappenweisen Neubau der Rheinbrücke, während dem der Betrieb nie unterbrochen werden durfte. Zeichnung, Oktober 1961.

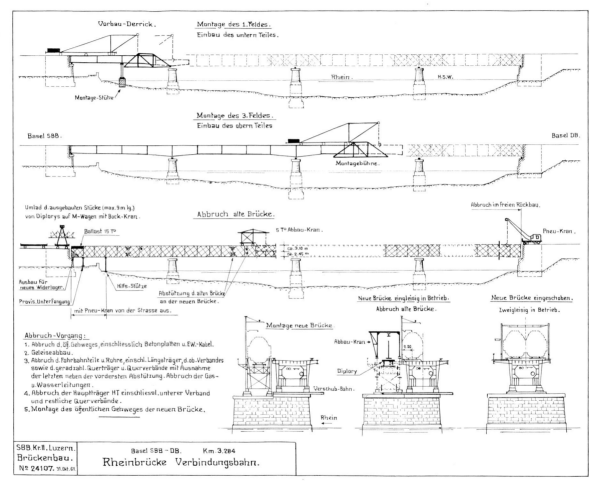

Vorbau-Derrick.

Montage des 1.Feldes.
Einbau des untern Teiles.

Rhein.   H.S.W.

Montage-Stütze

Montage des 3.Feldes.
Einbau des obern Teiles

Basel SBB.

Basel DB.

Montagebühne.

Umlad.d.ausgebauten Stücke (max.9 m lg.)
von Diplorys auf M-Wagen mit Bock-Kran.

Abbruch alte Brücke.

Abbruch im freien Rückbau.

5 T° Abbau-Kran.

Pneu-Kran.

Ballast 15 T°

Ca. 3.10 m
Ca. 2.45 m

Ausbau für
neues Widerlager.

Hilfs-Stütze

Provis.Unterfangung

Abstützung d.alten Brücke
an der neuen Brücke.

mit Pneu-Kran von der Strasse aus.

Neue Brücke eingleisig in Betrieb.
Abbruch alte Brücke.

Neue Brücke eingeschoben.
Zweigleisig in Betrieb.

Abbruch-Vorgang:
1. Abbruch d.öf.Gehweges, einschliesslich Betonplatten u.EW.-Kabel.
2. Geleiseabbau.
3. Abbruch d.Fahrbahnteile u.Rohre, einschl. Längsträger, d.ob.Verbandes
   sowie d.geradzahl.Querträger u.Querverbände mit Ausnahme
   der letzten neben der vordersten Abstützung. Abbruch der Gas-
   u.Wasserleitungen.
4. Abbruch der Hauptträger HT einschliessl.unterer Verband
   und restliche Querverbände.
5. Montage des öffentlichen Gehweges der neuen Brücke.

Montage neue Brücke.

Abbau-Kran

Diplory

Verschub-Bahn.

Rhein

SBB.Kr.II.Luzern.
Brückenbau.
N° 24107. 31.Okt.61.

Basel SBB – DB.   Km.3.284
Rheinbrücke Verbindungsbahn.

Da die alten Brückenpfeiler von 1873 bereits für den doppelspurigen Ausbau angelegt waren, konnte der Bau der neuen Brücke neben der weiter im Betrieb befindlichen alten durchgeführt werden. Juni 1961, R. Käser.

Zwölf Stunden vor dem Anschluss des leicht höher liegenden neuen Gleises stehen die alte und neue Brücke nebeneinander. Rechts im Bild die seither durch die Schwarzwaldbrücke ersetzte St. Albanbrücke. Aufgenommen vom Dachstock der Rheinburg aus, 1. April 1962, Peter Armbruster.

In einem sorgfältig vorbereiteten Kraftakt
erfolgte die Verlegung des Anschlusses
von der alten an die neue Brücke
in der Nacht vom 1. auf den 2. April 1962.
1962, Peter Armbruster.

Vorbereitung zum letzten Akt des Brücken-
neubaus: Am 12. August 1962 erfolgte,
nach dem Abbruch der alten, die
Verschiebung der neuen Brücke in die
richtige Position auf den Pfeilern.
1962, Fotograf unbekannt.

Die neue Brücke in Betrieb. November 1962, Fotograf unbekannt.

Die Zufahrt im Gellertdreieck erfolgt nun
durch dicht überbautes Gebiet; im
Bild der bekannte Rheingold-
Express. Oktober 1968, Fotograf
unbekannt.

Rangierbahnhof Muttenz im Ausbau.
Oktober 1966, Fotograf unbekannt.

Nach Abschluss der Bauarbeiten am
Gellertdreieck war die Verbindungsbahn
unter den Autobahnzubringern
nahezu verschwunden (rechte Seite).
September 2000, Marc Eggimann.

SBB Cargo-Zug auf der Verbindungsbahnbrücke. 2003, Erwin Zbinden.

Blick auf die Brücke. November 2003,
Robert Wälti-Portner.

Anhang

Güter- und Personenverkehr auf der Verbindungsbahn (1875–2000)

Die Datenbasis zum Güter- und Personenverkehr über die Basler Verbindungsbahn ist leider lückenhaft. Bis 1936 existiert eine durchgehende Zahlenreihe, die in sich konsistent wirkt und auf einheitlicher Basis erhoben wurde. In der darauf folgenden Periode treten jedoch Widersprüche auf. Eine der Ursachen liegt sicherlich darin, dass die Statistiken, die in den Archiven von SBB Cargo und von Infrastruktur SBB liegen, nach unterschiedlichen Kriterien generiert wurden: während sich SBB Cargo auf kommerzielle Daten (nämlich den Kunden verrechnete Züge und Lasten) stützt, werden bei Infrastruktur SBB betriebliche Daten (nämlich die Zahl der effektiv gefahrenen Züge und Lasten) verwandt, so dass sich keine wirklich vergleichbaren Reihen ermitteln liessen. Erschwerend kam hinzu, dass ein grosser Teil des Archivmaterials als verloren gelten muss – etwa durch den Zweiten Weltkrieg, aber auch durch Umzüge der Archive bedingt, wie im Fall der für die Abrechnungen der Verbindungsbahn zuständigen Abteilung von Infrastruktur SBB, Bern (Finanzen und Recht/Verträge, Netz). Teile der Archivbestände sind noch nicht erschlossen, was auch für Archive der Deutschen Bahn gilt. Die Daten von Infrastruktur SBB wurden nicht in die nachfolgende Tabelle aufgenommen, da diese Statistiken zwar als exakt, aber durch ihre Unvollständigkeit bedingt nicht als wirklich aussagekräftig gewertet werden konnten. Das Archiv SBB Historic, Bern, konnte, mit der unveröffentlichten Tabelle 3.12 des Statistischen Jahrbuchs der SBB ab 1957, teilweise weiterhelfen. Unbefriedigend sind die vorliegenden Daten auch für die wichtigen Jahre des Zweiten Weltkriegs, als der Nord-Südtransit durch die Schweiz Rekordwerte erreichte, während die ausgewiesene Bruttotonnage der Güterzüge nur einen relativ bescheidenen Anstieg verzeichnet. Die im Buch erwähnte Bedeutungszunahme der Zugangslinie von Frankreich her vermag dies nicht ganz zu erklären, um so mehr, als auch für letztere nur einige wenige Zahlen für die Monate Juni bis November 1944 vorliegen (SCHARF, Bd. 2, S. 40).

Jahr	Zahl der Güterzüge	Güterverkehr in Mio. Bruttotonnen	Güterverkehr in Mio. Nettotonnen	Davon via via Hafenbahn in Mio. Nettotonnen	Zahl der Reisezüge	Zahl der reisenden Personen
1875				–		56 362
1876				–		59 564
1877			0,160	–		58 969
1878			0,128	–		53 078
1879			0,131	–		51 043
1880			0,112	–		53 505
1881			0,135	–		51 765
1882			0,158	–		54 562
1883			0,190	–		57 466
1884			0,197	–		52 165
1885			0,173	–		60 619
1886			0,168	–		66 314
1887			0,188	–		66 375
1888			0,183	–		70 267
1889			0,195	–		83 442
1890			0,210	–		90 397
1891			0,247	–		88 089
1892			0,264	–		88 084
1893			0,294	–		89 845
1894			0,275	–		101 783
1895			0,257	–		104 827
1896			0,269	–		105 667
1897			0,318	–		115 676
1898			0,360	–		123 448
1899			0,463	–		124 989
1900			0,494	–		134 916

Jahr	Zahl der Güterzüge	Güterverkehr in Mio. Bruttotonnen	Güterverkehr in Mio. Nettotonnen	Davon via via Hafenbahn in Mio. Nettotonnen	Zahl der Reisezüge	Zahl der reisenden Personen
1901			0,433	–		137 921
1902	3 968		0,494	–	5 676	123 000
1903	3 713		0,516	–	5 987	183 064
1904	3 924		0,637	–	6 072	179 168
1905	3 998		0,602	–	6 413	203 616
1906	4 038		0,788	–	7 037	213 816
1907	4 727		0,919	–	7 577	211 540
1908	5 172		0,882	–	7 785	224 198
1909	5 060		0,844	–	7 742	254 137
1910	5 423		0,936	–	7 297	273 290
1911	6 077		1,106	–	7 671	274 255
1912	6 125		1,176	–	7 659	270 713
1913	6 161		1,232	–	8 533	314 652
1914	8 040		1,348	–	5 129	232 153
1915	11 908		1,427	–	0[*]	66 975[*]
1916	5 840		1,205	–	0[*]	25 341[*]
1917	4 853		0,981	–	59	10 837
1918	4 263		0,988	–	311	145 123
1919	4 172		1,143	–	621	106 988
1920	10 740		2,748	–	3 302	71 826
1921	8 250		2,246	–	4 976	117 428
1922	8 079		2,195	–	4 764	163 255
1923	6 410		1,539	–	2 281	57 306
1924	7 460		2,022	0,159	4 239	233 270
1925	7 069		1,697	0,150	5 474	357 065
1926	6 518		2,053	0,311	6 970	380 442

Jahr	Zahl der Güterzüge	Güterverkehr in Mio. Bruttotonnen	Güterverkehr in Mio. Nettotonnen	Davon via via Hafenbahn in Mio. Nettotonnen	Zahl der Reisezüge	Zahl der reisenden Personen
1927	10675		3,018	0,662	6938	460406
1928	10877		2,817	0,547	8477	535959
1929	13973		3,207	0,694	9313	537640
1930	14329		3,237	1,060	9645	537577
1931	14422		3,390	1,296	9822	438842
1932	13361		3,214	1,431	9528	331289
1933	13802		3,182	1,609	9473	359444
1934	14207		3,096	1,573	9782	399988
1935	16266		3,308	1,761	10513	412008
1936	15366		3,354	1,741	10851	355646
1937			3,842	2,146		404694
1938	17411	13,617		1,939	9016	
1939	18057	13,428			8439	
1940	10702	14,505			2365	
1941	20242	16,088			2308	
1942	13543	12,152			2584	
1943	13018	9,398			1483	
1944	8649	6,500			740	
1945	1620	1,082			631	
1946	5318	3,973			655	
1947	7245	5,435			1296	
1948	8096	6,224			1518	
1949	7787	6,141			2188	
1950	11287	8,747			4423	
1951	15515	11,586			6399	
1952	15800	11,221			8324	
1953	16905	12,122			11134	
1954	17359	12,934			13047	
1955	18486	14,047			13661	
1956	20486	15,508			13705	
1957	21940	16,335			14719	
1958	21416	14,783			15607	
1959	21979	16,022			15942	
1960						
1961	26377	19,721			16592	
1962	26905	20,114			16861	
1963	26576	21,425			16947	
1964	25891	20,217			17481	
1965	26628	20,789			17419	
1966	27263	21,141			17852	
1967	27911	21,699			17326	
1968	27889	21,686			16445	
1969	27579	22,318			16958	
1970	29283	23,868			17733	
1971	26818	21,501			18559	
1972	25513	20,247			19195	
1973	25220	20,126			18650	
1974	20761	17,352			18708	
1975	17705	13,434	7,754	2,021	18442	
1976	25045	19,311	8,801	2,238	18271	
1977	24875	19,439	8,849	2,098	18101	
1978	25001	20,376	8,746	2,176	17738	

Jahr	Zahl der Güterzüge	Güterverkehr in Mio. Brutto-tonnen	Güterverkehr in Mio. Netto-tonnen	Davon via via Hafen-bahn in Mio. Netto-tonnen	Zahl der Reisezüge	Zahl der reisenden Personen
1979			10,356	2,276		
1980			11,236	2,361		
1981			11,051	2,357		
1982			10,246	1,814		
1983			10,297	1,800		
1984			11,427	2,146		
1985			12,188	2,104		
1986			12,150	2,301		
1987			12,337	2,218		
1988			13,262	1,954		
1989			14,340	2,170		
1990			15,081	2,042		
1991			14,924	1,996		
1992			14,340	2,170		
1993			13,322	2,341		
1994			14,594	2,046		
1995			15,978	2,314		
1996			13,802	2,055		
1997			16,362	2,268		
1998			17,300	2,177		
1999			16,043	2,385		
2000			19,047	2,514		

* Der Umstand, dass 1915 und 1916 zwar keine Reisezüge verzeichnet sind, aber Personenverkehr stattfand, erklärt sich aus dem militärischen Dienstbetrieb im Badischen Bahnhof, der von Schweizer Militär besetzt war, das die Verbindungsbahn nutzte.

Quellen (nach Spalten geordnet)

Zahl der Güterzüge

1902–1956   SBB, Statistisches Jahrbuch

1957–1978   Archiv SBB Historic: Zahl der Züge und Wagenachsen sowie Anhängelast pro Strecke (unveröffentlichte Tabelle 3.12, SBB, Statistisches Jahrbuch)

Güterverkehr (in Mio. Bruttotonnen)

1938–1956   SBB, Statistisches Jahrbuch

1957–1978   Archiv SBB Historic: Zahl der Züge und Wagenachsen sowie Anhängelast pro Strecke (unveröffentlichte Tabelle 3.12, SBB, Statistisches Jahrbuch)

Güterverkehr (in Mio. Nettotonnen)

Bis 1901   Schweizerische Centralbahn, Berichte

1902–1936   SBB, Statistisches Jahrbuch

1975–2000   Interne Zusammenstellung, SBB Cargo, Basel

Anteil der Güter via Hafenbahn (in Mio. Nettotonnen)

1924–1935   SCHALLER, S.34 und 86

1936–1938   Archiv SBB Historic: SBB57, Bd. 1; Rückkauf des Bahnhofes Basel DRB und der auf Schweizergebiet gelegenen Strecken der DRB durch den Bund, 21. September 1944, S.7

1975–2000   Interne Zusammenstellung, SBB Cargo, Basel

Zahl der Reisezüge

1902–1956   SBB, Statistisches Jahrbuch

1957–1978   Archiv SBB Historic: Zahl der Züge und Wagenachsen sowie Anhängelast pro Strecke (unveröffentlichte Tabelle 3.12, SBB, Statistisches Jahrbuch)

Zahl der reisenden Personen

Bis 1901   Schweizerische Centralbahn, Berichte

1902–1936   SBB, Statistisches Jahrbuch

Entwicklung des internationalen Personen- und Gepäckverkehrs (1938–1943)

Genaue Daten über den Personenverkehr via Verbindungsbahn während der Jahre des Zweiten Weltkriegs liegen nicht vor. Die Zahlen der nachfolgenden Tabelle geben jedoch einen Hinweis auf deren Grössenordnungen. Erkennbar wird die Bedeutung des Verkehrs zwischen der Schweiz und Deutschland, wo der Transport von Reisegepäck pro Kopf im Krieg zunahm. Diese Reisenden – Gruppe (a) – benutzten mehrheitlich die Verbindungsbahn, passierten daneben aber auch die kleineren Übergänge von Waldshut–Koblenz, Singen–Schaffhausen und Konstanz. Dasselbe gilt für den während des Kriegs fast verschwindenden internationalen Transitverkehr der Gruppe (e); darin nicht erfasst sind allerdings die italienischen Fremdarbeiter: Von April 1941 bis Juli 1943 reisten 312 292 auf dem Weg nach oder von Deutschland durch die Schweiz (FORSTER, S. 29), vielfach via Basel.

a Schweiz-Deutschland und Gegenrichtung	Personen (Anzahl)	Gepäck (Tonnen)
1938	214 145	2 820
1939	156 583	2 194
1940	23 512	1 051
1941	35 703	1 156
1942	39 766	1 154
1943	31 194	1 089

b Schweiz-Frankreich und Gegenrichtung	Personen (Anzahl)	Gepäck (Tonnen)
1938	227 064	1 706
1939	173 433	1 324
1940	27 962	209
1941	509	8
1942	10 316	27
1943	1 369	30

c Schweiz-Italien und Gegenrichtung	Personen (Anzahl)	Gepäck (Tonnen)
1938	163 299	3 641
1939	109 578	3 669
1940	39 645	1 156
1941	12 049	233
1942	13 354	267
1943	9 518	210

d Übriger internationaler Verkehr ohne Transit	Personen (Anzahl)	Gepäck (Tonnen)
1938	185 592	3 537
1939	110 187	2 391
1940	1 406	114
1941	86	171
1942	382	84
1943	680	4

e Internationaler Transitverkehr	Personen (Anzahl)	Gepäck (Tonnen)
1938	111 887	2 150
1939	43 223	1 566
1940	4 680	429
1941	211	169
1942	32	126
1943	155	118

Quelle

Archiv SBB Historic: SBB 01-75 a-03, Teilbeitrag des K. D. zum Bericht: Die Schweizerischen Bundesbahnen im Krieg, A. Personen- und Gepäckverkehr

Literatur

von ARX, Heinz et al (Hg.): Bahnsaga Schweiz: 150 Jahre Schweizer Bahnen, Zürich 1996.

BAUER, Hans: Basel, gestern, heute, morgen. Hundert Jahre Basler Wirtschaftsgeschichte, Basel 1981.

Basellandschaftliche KANTONALBANK (Hg.): Beiträge zur Entwicklungsgeschichte des Kantons Basel-Landschaft, Liestal 1964.

BIRKNER, Othmar/REBSAMEN, Hanspeter: Basel. Inventar der neueren Schweizer Architektur 1850–1920, Bern 1986.

BREITENMOSER, Albin: Die Basler Rheinbrücken: ihre Geschichte und Bauweise, Basel 1962.

BÜRGERMEISTERAMT der Stadt Waldshut (Hg.): Geschichte der Stadt Waldshut, Bd. 2: Waldshut im 19. Jahrhundert. Lebensbilder aus einer grossherzoglichen Amtsstadt, Lindenberg 1999.

BURKHARDT, Peter: Der schweizerische Gütertransitverkehr: eine Untersuchung über die Bedeutung des schweizerischen Eisenbahn- und Strassennetzes für den europäischen Güterverkehr, Diss. Zürich 1960.

BURRI, Monika/ELSASSER, Kilian T./GUGERLI, David (Hg.): Die Internationalität der Eisenbahn 1850–1970, Zürich 2003.

Die Entgleisung auf der Rheinbrücke der Verbindungsbahn in Basel. In: Die Eisenbahn, Nr. 13, Zürich 1880, S. 132–133.

FORSTER, Gilles: Transit ferroviaire à travers la Suisse (1939–1945), Zürich 2001.

KAMBER, Peter: Schüsse auf die Befreier: die «Luftguerilla» der Schweiz gegen die Alliierten 1943–45, Zürich 1993.

KAMMANN, George: Mit Autobahnen die Städte retten? Städtebauliche Ideen der Expressstrassen-Planung in der Schweiz 1954–1964, Zürich 1990.

KLEUBLER, Bernhard: Die Rechtsverhältnisse am Badischen Bahnhof in Basel, an der Basler Verbindungsbahn und an der Basler Hafenbahn, Diss. Basel 1958.

KREIS, Georg/VON WARTBURG, Beat (Hg.): Basel – Geschichte einer städtischen Gesellschaft, Basel 2000.

KUNTZEMÜLLER, Albert: Die Basler Verbindungsbahn, herausgegeben in der Hauptverwaltung der Deutschen Reichsbahn, Berlin 1939. In: Archiv für Eisenbahnwesen; (1969) Heft 1, S. 103–118.

KUNTZEMÜLLER, Albert: Hundert Jahre schweizerisch-badische Eisenbahnpolitik. In: Zeitschrift für Schweizerische Statistik und Volkswirtschaft; (Jg. 77), Heft 3, Bern 1941, S. 398–422.

KUNTZEMÜLLER, Albert: Die deutschen (badischen) Eisenbahnlinien in der Schweiz. In: Die Bundesbahn; (Jg. 23), Heft 21, November, Köln 1949, S. 400–405.

KUNTZEMÜLLER, Albert: Basel und der Badische Bahnhof. In: Basler Jahrbuch, Basel 1950, S. 51–67.

KUNTZEMÜLLER, Albert: Vom «Badischen Bahnhof» in Basel. In: Basler Jahrbuch, Basel 1952, S. 136–155.

KUNTZEMÜLLER, Albert: Die Badischen Eisenbahnen, 2. umgearbeitete und bis auf die Gegenwart fortgeführte Auflage, Karlsruhe 1953.

KUNTZEMÜLLER, Albert: Basels erste Eisenbahnen. In: Basler Volkskalender, Basel 1954, S. 48–55.

LÜEM, Barbara: Heimathafen Basel: die Schweizer Rhein- und Hochseeschifffahrt, Basel 2003.

MEIER, Eugen A.: Der Badische Bahnhof in Basel und seine Zufahrtslinien. In: Basler Volkskalender, Basel 1963, S. 33–56.

MELES, Brigitte: Die Bahnhöfe der Schweizerischen Centralbahn in Basel, Basel 1984.

MITTLER, Max: Der Weg zum Ersten Weltkrieg: wie neutral war die Schweiz? Kleinstaat und europäischer Imperialismus, Zürich 2003.

PLEULER, Rudolf: Drehscheibe Basel: Entwicklung und Vielfalt des grossen europäischen Bahnknotenpunktes, Basel 1982.

RATSCHLAG betr. die Konzession für eine Verbindungsbahn, dem Grossen Rat vorgelegt den 21. Februar 1870, Basel 1870.

REGIERUNGSRAT des Kantons Basel-Stadt, Verwaltungsberichte des Kleinen Rats an den Grossen Rat, Basel, diverse Jahrgänge.

RITZMANN-BLICKENSTORFER, Heiner (Hg.): Historische Statistik der Schweiz, Zürich 1996.

SARASIN, Philipp: Stadt der Bürger: bürgerliche Macht und städtische Gesellschaft, Basel 1846–1914, Göttingen 1997.

SCHALLER, Alfred: Der Basler Rheinhafen in seiner Bedeutung für die SBB, Diss. Basel 1937.

SCHARF, Hans-Wolfgang: Die Eisenbahn am Hochrhein: Bde. 1–3, Freiburg/Br. 1993.

SCHMITZ, Markus: Westdeutschland und die Schweiz nach dem Krieg: Die Neuformierung der bilateralen Beziehungen 1945–1952, Zürich 2003.

SCHÜLER, Ernst: Der Bernische Jura und seine Eisenbahnen. Land, Volk und Cultur, Biel 1876.

SCHWABE, Hansrudolf: Schweizer Bahnen damals: Erinnerungsbilder an den Bahnbetrieb in der Schweiz vor dreissig, fünfzig und hundert Jahren: 3 Bde., Basel 1980.

SCHWABE, Hansrudolf et al: 3 × 50 Jahre. Schweizer Eisenbahnen in Vergangenheit, Gegenwart und Zukunft, Basel 1997.

Schweizerische Bundesbahnen (SBB), Statistisches Jahrbuch, Bern 1902ff.

Schweizerische Centralbahn, Bericht des Verwaltungsrates an die ordentliche Generalversammlung der Aktionäre, Basel 1873ff.

SCHWEIZER-VÖLKER, Edith: Das Breitequartier. In: Basler Jahrbuch, Basel 1986, S. 85–91.

SIEGFRIED, Paul: Der Anschluss Basels an die Eisenbahnen. In: 103. Neujahrsblatt herausgegeben von der Gesellschaft zur Beförderung des Guten und Gemeinnützigen, Basel 1925.

STÄUBLE, Paul: Hundert Jahre Basler Verbindungsbahn. In: Hauszeitung Danzas, August 1974, Basel 1974, S. 12–16.

Statistisches Amt des Kantons Basel-Stadt (Hg.): Statistisches Jahrbuch des Kantons Basel-Stadt, Basel (diverse Jahrgänge).

THIESSING, René (Gesamtredaktion): Ein Jahrhundert Schweizer Bahnen 1847–1947. Jubiläumswerk des Eidgenössischen Post- und Eisenbahndepartementes: 5 Bde., Frauenfeld 1947–1964.

UHLIG, Christiane et al: Tarnung, Transfer, Transit: die Schweiz als Drehscheibe verdeckter deutscher Operationen (1939–1952), Zürich 2001.

WACKER, Jean-Claude: Humaner als Bern! Schweizer und Basler Asylpraxis gegenüber den jüdischen Flüchtlingen von 1933 bis 1943 im Vergleich, Basel 1992.

WÄGLI, Hans G.: Schienennetz Schweiz: Strecken, Brücken, Tunnels: ein technisch-historischer Atlas, Zürich 1998.

Bildnachweis

Archiv SBB Historic
37 rechts: SBB, R 2852,3
86 links: SBB, R 2851
86 rechts: SBB, R 22 665
105: SBB, 3934,5
106 von links oben nach rechts unten:
  SBB, R 2852,8; R 3401,7; R 2974,11;
  R 3401,8; R 2974,10; R 3401,4; R 3401,12
112: SBB, 4734,1
113 links: SBB, R 5486,6
113 rechts: SBB, R 5486,4
114: SBB, P 2514

Basler Nachrichten
54 links: Nr. 71, 25. März 1873
54 rechts: Nr. 258, 31. Oktober 1873

Bibliothek SBB Historic
35 rechts: Die Basler Verbindungsbahn,
  Typoskript, Luzern 1962, Zvq 92,6

Basler Denkmalpflege Höflinger
57: Nr. 839

**Bürgermeisteramt der Stadt
Waldshut** (Hg.): Waldshut im
19. Jahrhundert, Lindenberg 1999
38 rechts: S. 98

Die Eisenbahn
58 links: 13 (1880), S. 132

Fondation Herzog
32: ohne Signatur
36 links: ohne Signatur

Sammlung Felix Hoffmann
33: ohne Signatur

Sammlung Rolf Jeck
85: ohne Signatur
88: ohne Signatur
89: ohne Signatur

SBB Cargo
116: ohne Signatur
117: ohne Signatur

**Schweizerisches Landesmuseum
Zürich**
31: LM 102 062.9
37 links: LM 100 002.126
38 links: LM 102 060.21
56: LM 102 062.1
61 rechts: LM 102 062.6

**Schweizerische Vereinigung für
Schifffahrt und Hafenwirtschaft SVS**
58 rechts: ohne Signatur
83: ohne Signatur
107: ohne Signatur
108: ohne Signatur
109: ohne Signatur
110 links und rechts: ohne Signatur
111 links und rechts: ohne Signatur

Staatsarchiv Basel-Stadt
30: Abl. Nr. 1990/71
34: Planarchiv D 1,32
35 links: Planarchiv Q 1,1a
36 rechts: BSL 100,1
55 links: Planarchiv D 1,107
55 rechts: Planarchiv D 1,132
59: Planarchiv F 4,79
60 links oben: Neg. 8744
60 rechts oben: Neg. 8747
60 links unten: Neg. 4157
61 links: Neg. 22 527
84 links: Neg. 2 329
84 rechts: AL 31
87: Neg. B 1101,1
90: Neg. 22 774
91: Neg. 22 775

Tiefbauamt Basel-Stadt
115: ohne Signatur

Universitätsbibliothek Basel
34: Kartensammlung Schw Ml 18c

Wägli, Hans G.:
Schienennetz Schweiz, Zürich 1998
39: S. 116